哲学用語図鑑

プレジデント社

哲学用語図鑑

プレジデント社

CONTENTS

本書の使い方 -- 012

古代

▶年　表
古代の哲学者 --- 016
▶人物紹介
ミレトスのタレス｜ピタゴラス ---------------------------- 018
ヘラクレイトス｜パルメニデス ---------------------------- 019
プロタゴラス｜ゴルギアス -------------------------------- 020
ソクラテス｜デモクリトス -------------------------------- 021
プラトン｜アリストテレス -------------------------------- 022
キプロスのゼノン｜エピクロス ---------------------------- 023
▶用語解説
ミュトス ------------------------------- タレスなど ------- 024
ロゴス --------------------------------- タレスなど ------- 025
自然哲学 ------------------------------- タレスなど ------- 026
アルケー ------------------------------- タレスなど ------- 028
万物は流転する ------------------------- ヘラクレイトス --- 029
あるものはある。ないものはない -------- パルメニデス ----- 030
原子論 --------------------------------- デモクリトス ----- 031
人間は万物の尺度 ----------------------- プロタゴラスなど - 032
ソフィスト ----------------------------- ゴルギアスなど --- 034
無知の知 ------------------------------- ソクラテス ------- 036
知徳合一 ------------------------------- ソクラテス ------- 037
問答法 --------------------------------- ソクラテス ------- 038
魂への配慮 ----------------------------- ソクラテス ------- 040
アレテー ------------------------------- ソクラテス ------- 042
ただ生きるのではなく善く生きる -------- ソクラテス ------- 043
ドクサ --------------------------------- プラトン --------- 044
エピステーメー ------------------------- プラトン --------- 045
イデア --------------------------------- プラトン --------- 046
イデア界｜現象界 ----------------------- プラトン --------- 048
想起説 --------------------------------- プラトン --------- 050

エロス	プラトン	051
洞窟の比喩	プラトン	052
魂の三分説	プラトン	054
四元徳	プラトン	055
哲人政治	プラトン	056
理想国家	プラトン	057
形相｜質料	アリストテレス	058
可能態｜現実態	アリストテレス	060
四原因説	アリストテレス	061
形而上学	アリストテレス	062
テオリア	アリストテレス	064
知性的徳｜倫理的徳	アリストテレス	065
中庸	アリストテレス	066
フィリア	アリストテレス	067
正義	アリストテレス	068
ストア派	ゼノン	070
エピクロス派	エピクロス	072

中世

▶年　表

中世の哲学者	076

▶人物紹介

アウレリウス・アウグスティヌス｜カンタベリーのアンセルムス	078
トマス・アクィナス｜オッカムのウィリアム	079

▶用語解説

アガペー	イエス・キリスト	080
教父哲学	アウグスティヌス	082
スコラ哲学	トマス・アクィナス	084
普遍論争	アンセルムスなど	086
オッカムの剃刀	オッカム	088

近世

▶年　表
近世の哲学者 ──────────────── 092

▶人物紹介
フランシス・ベーコン｜ジョン・ロック ──────── 094
ジョージ・バークリ｜デイヴィド・ヒューム ─────── 095
ルネ・デカルト｜バルフ・デ・スピノザ ───────── 096
ゴットフリート・ライプニッツ｜トマス・ホッブズ ────── 097
シャルル=ルイ・ド・モンテスキュー｜ジャン=ジャック・ルソー ─── 098
ミシェル・ド・モンテーニュ｜ブレーズ・パスカル ───── 099

▶用語解説
知は力なり ──────────── ベーコン ──── 100
イギリス経験論 ────────── ベーコンなど ── 101
イドラ ───────────── ベーコン ──── 102
帰納法 ───────────── ベーコンなど ── 104
演繹法 ───────────── デカルトなど ── 105
大陸合理論 ─────────── デカルトなど ── 106
我思う、ゆえに我あり ─────── デカルト ──── 108
神の存在証明 ──────────── デカルト ──── 110
生得観念 ──────────── デカルト ──── 112
主観｜客観 ─────────── デカルト ──── 113
二元論 ───────────── デカルト ──── 114
延長 ────────────── デカルト ──── 115
汎神論 ───────────── スピノザ ──── 116
永遠の相の下 ─────────── スピノザ ──── 118
モナド ───────────── ライプニッツ ── 120
予定調和 ──────────── ライプニッツ ── 121
充足理由律 ─────────── ライプニッツ ── 122
タブラ・ラサ ─────────── ロック ───── 123
単純観念｜複合観念 ─────── ロック ───── 124
一次性質｜二次性質 ─────── ロック ───── 125
存在するとは知覚されていることである ── バークリ ──── 126
知覚の束 ──────────── ヒューム ──── 128

因果関係	ヒューム	130
実体	デカルトなど	132
認識論	ロックなど	133
モラリスト	モンテーニュ	134
人間は考える葦である	パスカル	136
繊細の精神	パスカル	137
リヴァイアサン	ホッブズ	138
抵抗権	ロック	140
一般意志	ルソー	141
啓蒙主義	ロックなど	142

近代

▶年 表
近代の哲学者 ･･･ 146

▶人物紹介
アダム・スミス｜イマヌエル・カント	148
ゴットリープ・フィヒテ｜フリードリヒ・シェリング	149
ゲオルク・ヘーゲル｜アルトゥール・ショーペンハウアー	150
セーレン・キルケゴール｜カール・マルクス	151
フリードリヒ・ニーチェ｜ジェレミー・ベンサム	152
ジョン・スチュアート・ミル｜チャールズ・サンダース・パース	153
ウィリアム・ジェイムズ｜ジョン・デューイ	154
ジグムント・フロイト｜カール・グスタフ・ユング	155

▶用語解説
ア・プリオリ	カント	156
物自体	カント	158
カテゴリー	カント	160
現象	カント	161
コペルニクス的転回	カント	162
理性の二律背反	カント	163
道徳法則	カント	164
定言命法	カント	165
現象界｜英知界	カント	166

用語	人物	ページ
理論理性｜実践理性	カント	167
格率	カント	168
自律	カント	169
目的の王国	カント	170
批判哲学	カント	171
ドイツ観念論	ヘーゲルなど	172
絶対精神	ヘーゲル	173
弁証法	ヘーゲル	174
歴史	ヘーゲル	176
人倫	ヘーゲル	178
家族｜市民社会｜国家	ヘーゲル	179
ペシミズム	ショーペンハウアー	180
あれか、これか	キルケゴール	182
主体的真理	キルケゴール	183
例外者	キルケゴール	184
実存主義	キルケゴール	185
実存の三段階	キルケゴール	186
(神の)見えざる手	アダム・スミス	188
自由放任主義	アダム・スミス	190
功利主義	ベンサム	191
快楽計算	ベンサム	192
最大多数の最大幸福	ベンサム	193
質的功利主義	ミル	194
資本家階級｜労働者階級	マルクス	195
生産関係	マルクス	196
(労働の)疎外	マルクス	198
階級闘争	マルクス	199
上部構造｜下部構造	マルクス	200
イデオロギー	マルクス	201
唯物史観	マルクス	202
観念論	ヘーゲルなど	204
唯物論	マルクスなど	205
ニヒリズム	ニーチェ	206
ルサンチマン	ニーチェ	208

奴隷道徳	ニーチェ	210
力への意志	ニーチェ	212
遠近法主義	ニーチェ	213
永劫回帰	ニーチェ	214
超人	ニーチェ	216
プラグマティズム	パース	218
無意識	フロイト	220
エス｜自我｜超自我	フロイト	221
エロス｜タナトス	フロイト	222
集合的無意識	ユング	223

現代

▶年　表

現代の哲学者	226

▶人物紹介

バートランド・ラッセル｜ルートヴィヒ・ウィトゲンシュタイン	228
ルドルフ・カルナップ｜カール・ポパー	229
トマス・クーン｜エドムント・フッサール	230
マルティン・ハイデガー｜カール・ヤスパース	231
ジャン=ポール・サルトル｜モーリス・メルロ=ポンティ	232
マックス・ホルクハイマー｜ユルゲン・ハーバーマス	233
ハンナ・アーレント｜エマニュエル・レヴィナス	234
フェルディナン・ド・ソシュール｜クロード・レヴィ=ストロース	235
ジル・ドゥルーズ｜ミシェル・フーコー	236
ジャック・デリダ｜ジャン=フランソワ・リオタール	237
ジャン・ボードリヤール｜ジョン・ロールズ	238
ロバート・ノージック｜マイケル・サンデル	239
シモーヌ・ド・ボーヴォワール｜ジュディス・バトラー	240
エドワード・サイード｜アントニオ・ネグリ	241

▶用語解説

ラング｜パロール	ソシュール	242
シニフィアン｜シニフィエ	ソシュール	243
言語の恣意性	ソシュール	244

項目	人物	頁
現象学	フッサール	246
現象学的還元	フッサール	248
エポケー	フッサール	250
志向性	フッサール	252
ノエシス｜ノエマ	フッサール	253
間主観性	フッサール	254
存在論	ハイデガー	256
到来｜既在	ハイデガー	257
現存在	ハイデガー	258
世界-内-存在	ハイデガー	259
世人	ハイデガー	260
被投性	ハイデガー	261
死への存在	ハイデガー	262
限界状況	ヤスパース	264
イリヤ	レヴィナス	266
顔	レヴィナス	268
写像理論	ウィトゲンシュタイン	270
言語ゲーム	ウィトゲンシュタイン	272
家族的類似	ウィトゲンシュタイン	274
分析哲学	ウィトゲンシュタイン	276
論理実証主義	カルナップなど	278
反証可能性	ポパー	280
パラダイム	クーン	282
道具的理性	ホルクハイマー	284
対話的理性	ハーバーマス	286
全体主義	アーレント	287
実存は本質に先立つ	サルトル	288
人間は自由の刑に処されている	サルトル	289
即自存在｜対自存在	サルトル	290
アンガージュマン	サルトル	292
身体図式	メルロ＝ポンティ	294
〈肉〉	メルロ＝ポンティ	296
構造主義	レヴィ＝ストロース	298
野生の思考	レヴィ＝ストロース	300

項目	人物	頁
リベラリズム	ロールズ	302
リバタリアニズム	ノージック	304
コミュニタリアニズム	サンデル	305
ポスト構造主義	デリダなど	306
ポストモダン	リオタール	307
差異の原理	ボードリヤール	308
シミュラークル	ボードリヤール	310
エピステーメー	フーコー	312
人間の終焉	フーコー	314
生の権力	フーコー	315
パノプティコン	フーコー	316
二項対立	デリダ	318
脱構築	デリダ	320
差延	デリダ	322
トゥリー｜リゾーム	ドゥルーズ	324
スキゾ｜パラノ	ドゥルーズ	326
ノマド	ドゥルーズ	328
フェミニズム	ボーヴォワール	330
ジェンダー	バトラー	331
オリエンタリズム	サイード	332
〈帝国〉	ネグリ	334
マルチチュード	ネグリ	336
生命倫理｜環境倫理		338

あとがき	340
参考文献	342
索引	345

本書の使い方

本書を初めから眺めると、タレスから始まった西洋哲学の歴史がどのような変化をとげて現在に至ったのか、大まかな流れを見ることができます。本書を用語辞典のように使う場合は、巻末の索引が便利です。用語を引くにあたり、該当ページに加えて、その用語と関連したページにも目を通すと、よりいっそう理解が深まります。

人物
主要な哲学者70名のイラストです

主に活躍した場所
この哲学者と関係の深い場所の現在の国旗です

セリフ
この哲学者を象徴するセリフとその解説です

アイテム
この哲学者と関係の深いアイテムとその解説です

プロフィール
この哲学者のプロフィールを紹介しています

年代
この哲学者の生没年です

主著
この哲学者の主著を紹介しています

用語解説ページ
この哲学者と関係の深い用語解説ページです

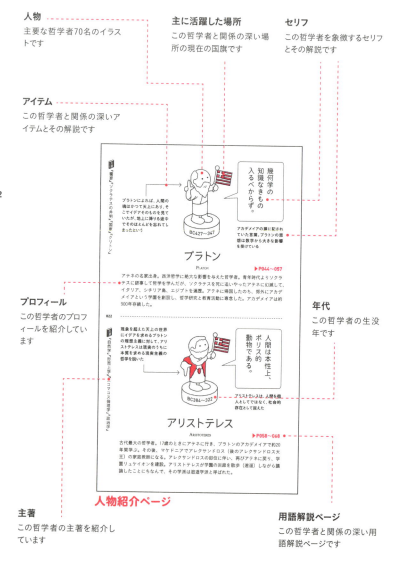

タイトル用語
200以上の主要な哲学用語を紹介しています

関連人物紹介ページ
関連人物が紹介されているページです

関連人物
タイトル用語と関係の深い哲学者のイラストです

データ
タイトル用語の理解を助ける情報を掲載しています。用語に応じて、以下の項目を設けました

[意味]
用語の意味をわかりやすく一言で説明しています

[語源]
用語がどんな言葉から生まれたのかを解説しています

[具体例]
あるカテゴリーやグループに入る具体例をあげました

[対義語]
ここでの用語とは対立する概念や考え方を紹介しています

[初出]
この用語が初めて登場する文献をあげています

[出典]
引用した語句については、どの出典からの引用かを明記しました

[影響]
この用語に関する影響関係を解説しています

[文献]
登場する用語が中心的に論じられている文献をあげています

[関連]
関連するタイトル用語をあげています

[メモ]
用語をさらに理解するために有用な知識を解説しています

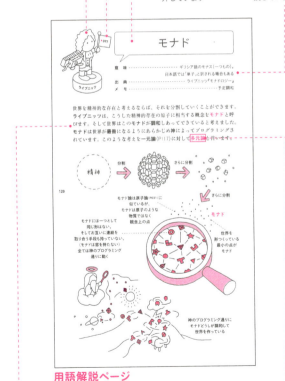

用語解説ページ

解説
タイトルの用語を解説しています

その他の重要用語
タイトル用語とは別の哲学用語です。重要度はタイトル用語と同じです

古代

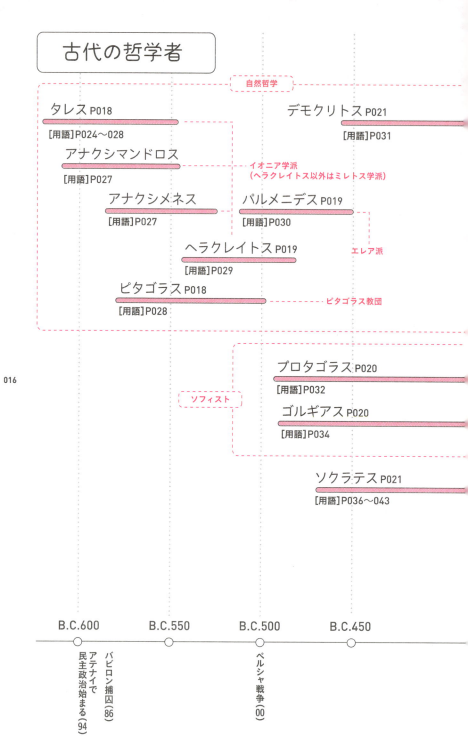

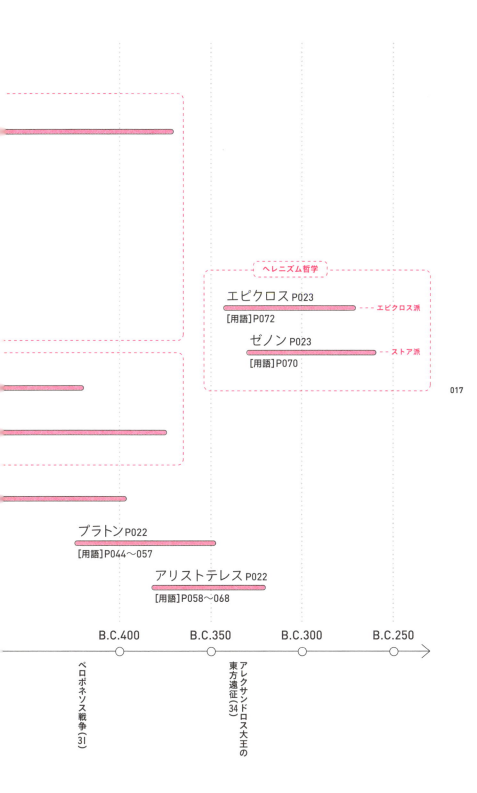

ヘレニズム哲学

エピクロス P023 ---- エピクロス派
[用語]P072

ゼノン P023 ---- ストア派
[用語]P070

プラトン P022
[用語]P044〜057

アリストテレス P022
[用語]P058〜068

B.C.400　B.C.350　B.C.300　B.C.250

ペロポネソス戦争(31)

アレクサンドロス大王の東方遠征(34)

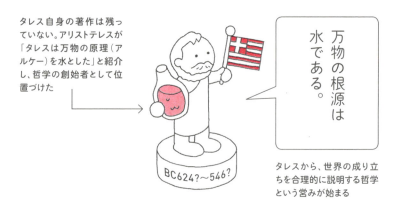

ミレトスのタレス
THALES OF MILETUS   ▶P024〜028

ギリシアの植民地ミレトスに生まれた自然哲学者。ギリシア七賢人の1人で、アリストテレスによって「哲学の創始者」と呼ばれた。政治や気象、治水工事、航海術、幾何学など、多様な分野で活躍。好天を予測してオリーブを絞る機械を買い占め、高値で貸して大儲けしたといわれる。また、天文学にも通じ、前585年の日食を予知したとされる。

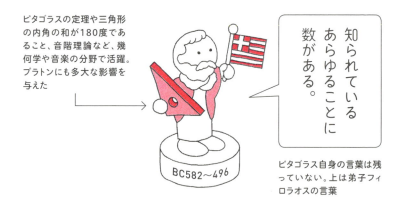

ピタゴラス
PYTHAGORAS   ▶P028

サモス島出身の哲学者、数学者。故国での政治改革に挫折した後、南イタリアに移り、宗教、政治、哲学をあわせ持つ宗教的結社を創設した。魂の不死と輪廻を信じ、禁欲的な生活を弟子とともに送る。1は理性、2は女性性、3は男性性というように、数に思弁的な意味を持たせる哲学を展開。数こそ万物の根源であると主張した。

ヘラクレイトスによれば、火は一定量が燃えると、同じだけの量が消えるという。こうした永遠に生滅する火を、宇宙の根本原理とした

同じ川に二度入ることはできない。

「万物は流転する」と説いたヘラクレイトスは、世界の本質を「変化」と考えた

ヘラクレイトス

HERACLITUS　　　　　▶P029

イオニア地方エフェソス出身の自然哲学者。王族の家系に生まれたといわれているが、詳細は不明。愛想や人付き合いが悪く、孤高の人生を送ったと伝えられている。毒舌や難解な言葉遣いから「暗い人」「謎をかける人」と呼ばれた。争いや変化こそ世界の実相と捉え、対立するものの均衡の上に、万物を支配するロゴスの働きを見いだした。

パルメニデスは、ギリシア叙事詩の形式で自らの思想を語った。断片的に残っている『自然について』では女神が真理を語る体裁を取っている

あるものはある。ないものはない。

感覚的な議論を退け、徹底した理性的思考によって「有」と「無」の関係を考えた

パルメニデス

PARMENIDES　　　　　▶P030

南イタリアの都市エレア出身。名門の家柄で、祖国を愛し祖国のために法律を作った。プラトンによれば、パルメニデスはアテネにやってきて、若いソクラテスに出会ったという。ヘラクレイトスとは対照的に、アルケーとは永遠に変化することのない「不動の一者」であると説いた。なお、アキレスと亀のパラドックスで有名なエレアのゼノンは、パルメニデスの弟子。

プロタゴラスの授業料は高額で、一説では軍艦2隻が買えるほどだったともいわれている

人間は万物の尺度である。

BC490?〜420?

真理を相対的なものとするプロタゴラスは、絶対的真理を求めるソクラテスと対立する

プロタゴラス
Protagoras ▶P032

トラキアのアブデラ出身で、アテネで活動したソフィスト。アテネの大政治家ペリクレスとも親交を結び、「プロタゴラスに並ぶ者なし」といわれるほど、当時最も知名度の高い哲学者だった。物事の判断や基準は個々の人間によって異なるという相対主義の立場に立ち、どんな問題についてもある見方とその反対の見方の両方があると主張した。

ゴルギアスは弟子1人につき100ムナの謝礼を受け取っていた。当時の下層市民が1年暮らすのに、約1.2ムナを必要としたといわれている

修辞学は君が学ぶ必要のある唯一の専門知識の分野だ。

BC487?〜376?

ゴルギアスのレトリック術は『ヘレネ頌』と『パラメデスの弁明』などで読むことができる

ゴルギアス
Gorgias ▶P034

シチリアのギリシア植民市レオンティノイ出身。前427年、シラクサに圧迫されていた祖国の外交使節としてアテネを訪れ、巧みな弁舌で名声を博した。プロタゴラスと並び立つ有名なソフィストで、とくに観衆からの質問に当意即妙に答える弁舌が人気だったという。プラトンの対話篇『ゴルギアス』では、衒学的な様子が嘲笑的に描かれている。

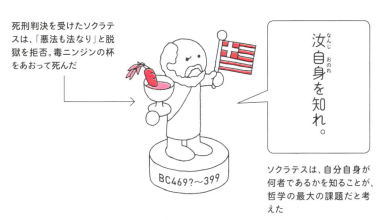

ソクラテス

SOCRATES　　　▶P036〜043

アテネ出身。父は彫刻家、母は助産師だった。妻のクサンチッペは「世界三大悪妻」の1人とされている。ペロポネソス戦争に3度も戦士として従軍。怪異な容貌の持ち主で、突如瞑想状態に陥ることもあったという。ソフィストを批判し、問答を通じて普遍的真理があることを説いたが、危険人物として告発され、民衆裁判で死刑に処せられた。

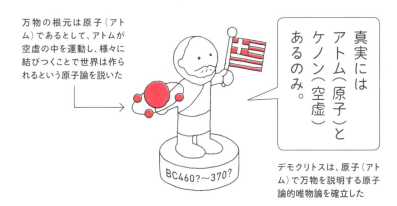

デモクリトス

DEMOCRITUS　　　▶P031

トラキア出身で、オリエント各地を旅したという。哲学のほか倫理学、天文学、数学、音楽、生物学など多方面の学問に通じていた。その快活な性格から「笑う哲学者」というあだなを持っていた。物体のみならず、人間の魂も原子（アトム）からできていると考え、人生の理想は、原子の乱れのない平穏な状態を得ることとした。

『饗宴』『ソクラテスの弁明』『国家』『クリトン』

幾何学の知識なきもの入るべからず。

プラトンによれば、人間の魂はかつて天上にあり、そこでイデアそのものを見ていたが、地上に降りる途中でそのほとんどを忘れてしまったという

アカデメイアの扉に記されていた言葉。プラトンの思想は数学から大きな影響を受けている

BC427～347

プラトン
PLATO　　　▶P044～057

アテネの名家出身。西洋哲学に絶大な影響を与えた哲学者。青年時代よりソクラテスに師事して哲学を学んだが、ソクラテスを死に追いやったアテネに幻滅して、イタリア、シチリア島、エジプトを遍歴。アテネに帰国した後、郊外にアカデメイアという学園を創設し、哲学研究と教育活動に専念した。アカデメイアは約900年存続した。

『自然学』『形而上学』『ニコマコス倫理学』『政治学』

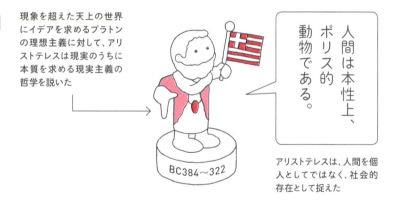

人間は本性上、ポリス的動物である。

現象を超えた天上の世界にイデアを求めるプラトンの理想主義に対して、アリストテレスは現実のうちに本質を求める現実主義の哲学を説いた

アリストテレスは、人間を個人としてではなく、社会的存在として捉えた

BC384～322

アリストテレス
ARISTOTLE　　　▶P058～068

古代最大の哲学者。17歳のときにアテネに行き、プラトンのアカデメイアで約20年間学ぶ。その後、マケドニアでアレクサンドロス（後のアレクサンドロス大王）の家庭教師になる。アレクサンドロスの即位にともない、再びアテネに戻り、学園リュケイオンを創設。アリストテレスが学園の回廊を散歩（逍遥）しながら議論したことにちなんで、その学派は逍遥学派と呼ばれた。

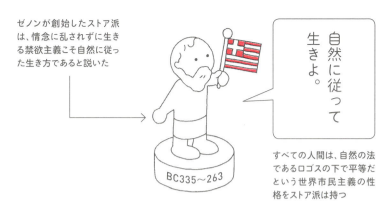

キプロスのゼノン

ZENO OF CITIUM ▶P070

キプロス島キティオンの商人の家庭に生まれる。青年となって貿易商として出かけた際、船が難破してアテネにたどり着いた。アテネの本屋でクセノフォンの『ソクラテスの思い出』を読み感銘を受け、哲学を学び始めた。後にアテネのストア・ポイキレ（壁画付き柱廊）で学園を開いたことにちなんで、ゼノンに始まる学派をストア派と呼ぶようになった。

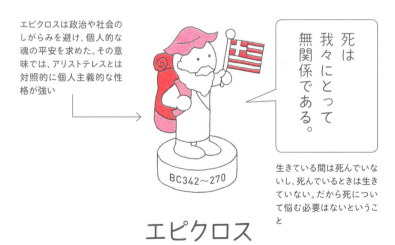

エピクロス

EPICURUS ▶P072

サモス島出身。アテネの郊外で庭園付きの学園を開き、エピクロス派と呼ばれる学派を築いた。デモクリトスの原子論の考え方に影響を受け、死とは魂をつくっている原子が散乱することだから、悪いことでも恐れることでもないとする。その哲学は、快楽主義として知られるが、エピクロスのいう快とは魂の平安であり、死に対する恐怖からの解放である。

ミュトス

意　味	神話、虚構の物語（ギリシア語）
語　源	「語り伝えられたもの」の意
具体例	ギリシア神話、イソップ寓話
対義語	ロゴス

その昔、自然（世界）はすべて**神話（ミュトス）**によって理解されていました。たとえば、自然災害は神の怒りであると考えられていたのです。

ロゴス

意　味 ーーーーーーーーー 言葉、論理、理法、理性（ギリシア語）
語　源 ーーーーーーーーー 「拾い集める」という意味の"legein"という動詞から来ている
対義語 ーーーーーーーーー ミュトス、パトス（情念）

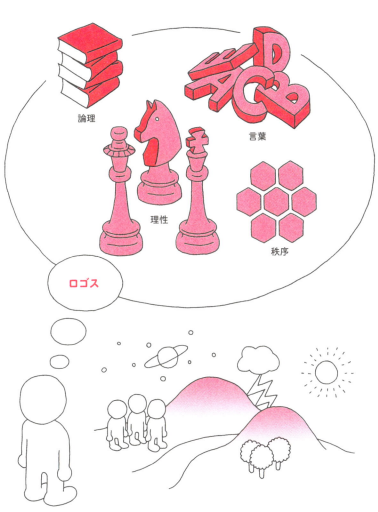

ギリシアの哲学者は自然を**ミュトス**（P024）ではなく**合理的な考え方（ロゴス）**によって理解しようとしました。

自然哲学

タレスなど

意　味 — 自然の本性を合理的に探求しようとする哲学
文　献 — アリストテレス『形而上学』
具体例 — タレス、アナクシマンドロス、アナクシメネス
メ　モ — 「自然学」も同義

その昔、自然（世界）は神々によって創られたと信じられていました。人々は**神話**から世界の成り立ちを学んでいたのです。

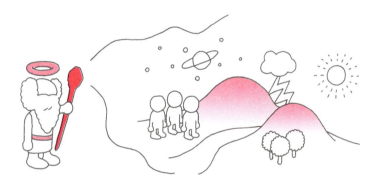

やがて様々な技術が進歩すると人々は豊かな暮らしができるようになりました。人口が増え、異なった地域の人々が交流するようになりました。

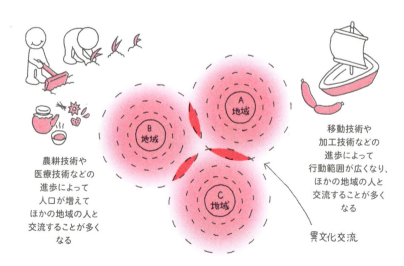

農耕技術や医療技術などの進歩によって人口が増えてほかの地域の人と交流することが多くなる

移動技術や加工技術などの進歩によって行動範囲が広くなり、ほかの地域の人と交流することが多くなる

異文化交流

すると人々は、地域によって自然の成り立ちの神話が違うことに気づいたのです。

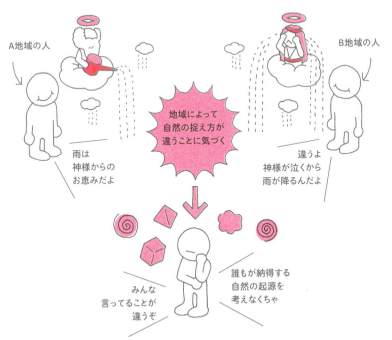

そこで誰もが納得するような万物の根源を考える必要がありました。**タレス**は万物の根源を**水**だと考え、**アナクシメネス**は**空気**であると考えました。根源が水なのか空気なのかはあまり重要ではありません。万物の根源を神話で説明するのではなく、自分の頭で考えて、自然の中に根源を見いだしたことが新しい考え方でした。これが**自然哲学**の始まりです。

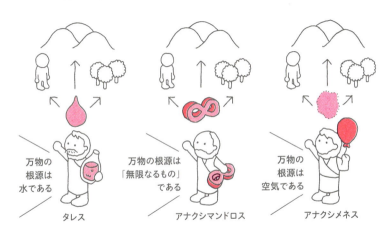

アルケー

意　味	始まり、根源、原理（ギリシア語）
初　出	アナクシマンドロスが最初に用いたとされる
具体例	タレスの水、デモクリトスの原子
対義語	テロス（完成、目的）

自然哲学（P027）の哲学者たちは、神話や伝説によってではなく、合理的な思考で**万物の起源（アルケー）**を探求しました。

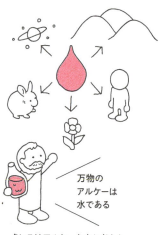

タレスはアルケーを水と考えた

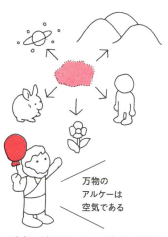

アナクシメネスはアルケーを空気と考えた

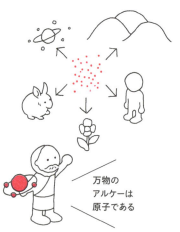

デモクリトスはアルケーを原子と考えた

ピタゴラスはアルケーを数と考えた

万物は流転する (パンタ・レイ)

意　味 － あらゆる事物は変化するということ
文　献 － プラトンの著作を通じて広まったが、ヘラクレイトス自身は「万物は流転する」とは語っていない
メ　モ － ヘーゲルはヘラクレイトスを「弁証法の祖」と呼んだ

ヘラクレイトスは**「人は同じ川に２度入ることはできない」**と言います。この言葉は何を意味するのでしょうか？

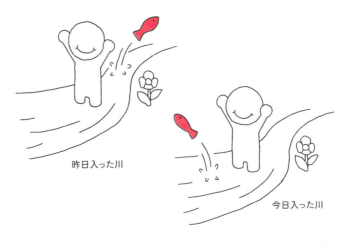

昨日入った川

今日入った川

流れる川だけでなく、人も物も世界は絶えず**変化**しています。ヘラクレイトスは**アルケー**（P028）を考えるだけでなく、**万物は流転する（パンタ・レイ）**という**メカニズム**があることを発見したのです。

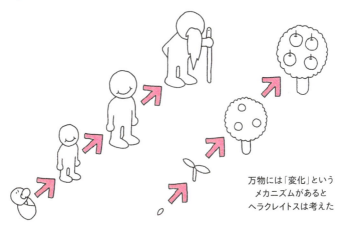

万物には「変化」というメカニズムがあるとヘラクレイトスは考えた

あるものはある。ないものはない

意　味 ──── 無から有は生まれないということ
文　献 ──── パルメニデス 断片6
影　響 ──── ピタゴラスの科学的思考

パルメニデスは**ヘラクレイトス**（万物は流転するP029）とは反対に、世界は**変化しない**と言います。パルメニデスは、**変化**とは物質が**有**から**無**になることや、**無**から**有**になることだと定義したうえで、そんなことは論理的にありえないと主張したのです。パルメニデスは存在の有無を見た目よりも**理性**で捉えたので、**合理主義**の祖とされています。

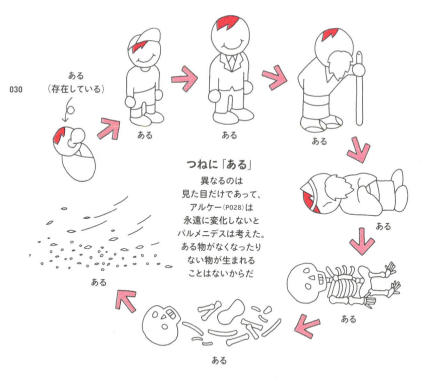

彼は、存在のあり方を**「あるものはある。ないものはない」**と表現します。この考えは後に、**存在する**とは人間にとってどういうことかを考える**存在論**（P256）を生み出しました。

原子論

意味 ------------------- 宇宙は原子の離合集散によって説明されるという考え方
文献 ------------------- デモクリトス 断片125
関連語 ------------------ アトモン（「不可分なもの」の意）

物は細かく切り刻んでいくともうそれ以上分割することができない粒になります。**デモクリトス**はこの分割できないものを**原子（アトム）**と呼び、万物は原子によってできていると考えました。これを**原子論**といいます。

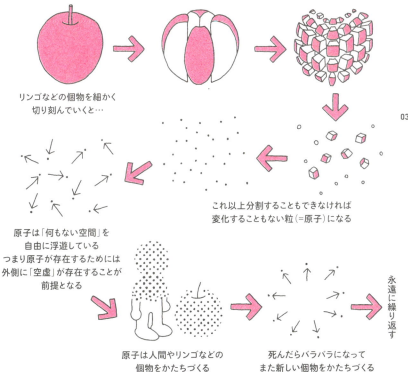

リンゴなどの個物を細かく切り刻んでいくと…

これ以上分割することもできなければ変化することもない粒（=原子）になる

原子は「何もない空間」を自由に浮遊しているつまり原子が存在するためには外側に「空虚」が存在することが前提となる

原子は人間やリンゴなどの個物をかたちづくる

死んだらバラバラになってまた新しい個物をかたちづくる

永遠に繰り返す

デモクリトスの**原子論**からは、**唯物論**（P205）のような思考を見て取ることができます。同時に、原子が存在するためには、それが浮遊する何もない空間、つまり**空虚**の存在が前提となります。**デモクリトス**は**パルメニデス**の考え（ないものはないP030）とは違い、**「ないものも、ある」**と考えます。

人間は万物の尺度

意味	普遍的な判断基準はないということ
文献	プロタゴラス 断片1
影響	相対主義
関連	ソフィスト(P034)

日本は日本より寒い国の人にとっては暑く、暑い国の人にとっては寒い国です。

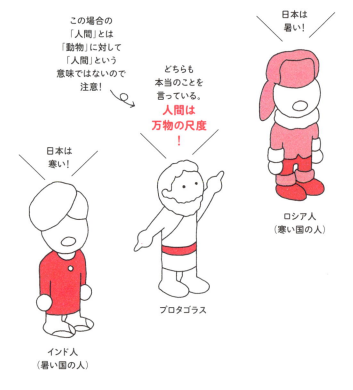

価値観は人によって違います。**ソフィスト**(P034)であった**プロタゴラス**は、世の中にはみんなに共通する絶対的な真理などないと考えました。そして**人間は万物の尺度**という言葉を残します。このような考え方を**相対主義**といいます。相対主義は、現代では一般的な考え方です。近代では、西欧中心主義の下で、植民地支配が正当化されました。その反省から、現代では、文化の間に優劣はないという**文化相対主義**の考え方が生まれました。

別の例をあげてみましょう。

A君もB君も自分にとっての真実を言っている

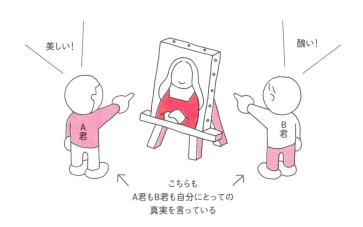

こちらも
A君もB君も自分にとっての
真実を言っている

このように万人に共通の真理（価値）は存在しません。独断に陥らない**相対主義**の考え方は、寛容な精神をもたらします。けれども同時に、何が善で何が悪かは人それぞれなのだから「人に迷惑をかけなければ何をしてもいい」という考え方も広めてしまいました。

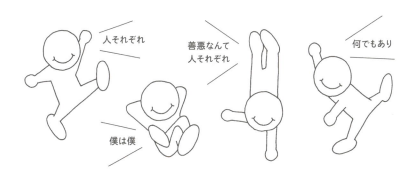

ソフィスト

意　味 ---- もとは「賢い人」だが、後に職業教師をさすようになった。プラトンの著作では詭弁を弄する軽蔑的な人物として描かれている
具体例 ------------------------------ プロタゴラス、ゴルギアス
関　連 ------------------------------ 人間は万物の尺度(P032)

当時のアテナイは、市民の誰もが政治に参加できたため、市民の関心は、**自然（ピュシス）**から**法律や規則（ノモス）**に移っていきました。そこで青年たちは高いお金を払って政治家になるために必要な弁論術を哲学者に学ぼうとしました。青年たちに弁論術を教える哲学者を**ソフィスト**といいます。

ソフィストの仕事術

青年たちは**ソフィスト**から**相対主義**(P032)の考え方を学びました。そして政策がたとえ私利私欲のためであっても、それに気づかれないようなスピーチの方法も身につけていきました。

代表的なソフィストであった**ゴルギアス**は青年たちに**「正しいものは存在しない。存在したとしても人はそれを知ることができない」**と教えます。

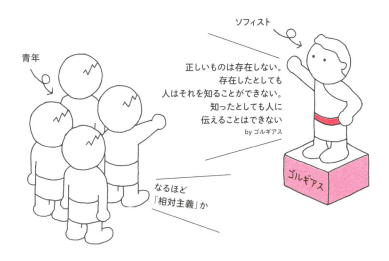

ソフィストの立場からすれば、誰にでも共通する真理や正義は存在しません。たとえばアテナイの**法律や規則**は、自然の中にあらかじめ存在していたわけではなく、アテナイ市民にとってだけの正義ということになります。別の**ポリス**（共同体）に行けば、アテナイとは異なる法や規則があるわけです。

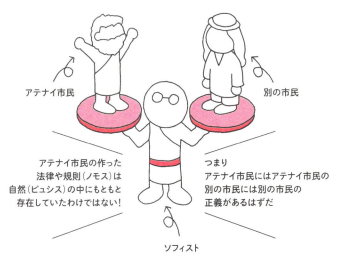

そうなると、独善的な意見は戒められますが、言いくるめた者が勝ちという態度も蔓延します。そこに登場したのが**ソクラテス**（☞P021）でした。

無知の知

意　味	自分の無知を知ること
文　献	プラトン『ソクラテスの弁明』
関連語	汝自身を知れ
メ　モ	ソクラテス哲学の出発点

ある日、デルフォイのアポロン神殿の巫女が「この世でソクラテスが一番賢い」と言いました。

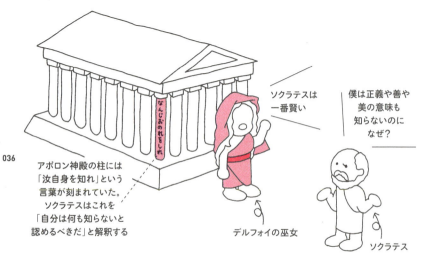

それを聞いたソクラテスは、自分は何も知らないのになぜ巫女に賢いと言われるのか不思議に思いました。

ソクラテスは「知らないのに知っていると思っている人」より自分のように「知らないことを知っている人」の方が賢いのだという考えにたどり着きました。これを無知の知といいます。

知徳合一

意　味　————————　徳が何かを知れば、その知識に基づいて正しい生き方ができるとする考え
文　献　————————　プラトン『ソクラテスの弁明』ほか
関　連　————————　アレテー (P042)

人は**徳**(アレテー P042)を持って生きれば心の平安を保つことができると**ソクラテス**は説きます。

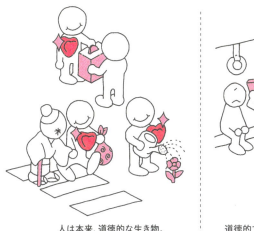

人は本来、道徳的な生き物。
道徳的な行いをしているときが
最も幸福(福徳一致)

道徳的でない行いをしているとき、
じつは内心傷ついている。
これは本人にとって不幸

もし心の平安が訪れないのなら、その理由は**徳**が何かを知らないからだと**ソクラテス**は考えました。

何が**善**で何が**悪**かを学び、正しい**徳**の知識を身につけ、それを**実行**すれば幸福になれると**ソクラテス**は信じていました。**ソクラテス**にとって**知識**(知恵)と**徳**は同じものなのです。これを**知徳合一**といいます。

問答法

意　味	対話によって、相手に自分の無知を自覚させる方法
文　献	プラトン『クリトン』『ゴルギアス』ほか
メ　モ	無知を装った質問で、相手に無知を自覚させるソクラテスの方法を「エイロネイア(アイロニー)」という

ソフィスト(P034)たちから**相対主義**(P032)の弁論術を学んだ政治家たちは、自己の利益を正当化するような詭弁ばかりを繰り返しました。そこで**ソクラテス**は彼らと**問答**することで改革を試みました。

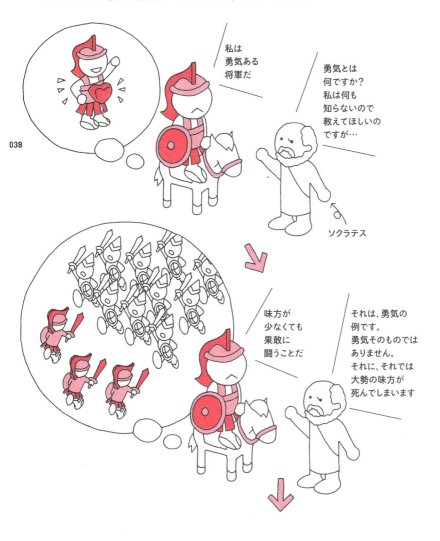

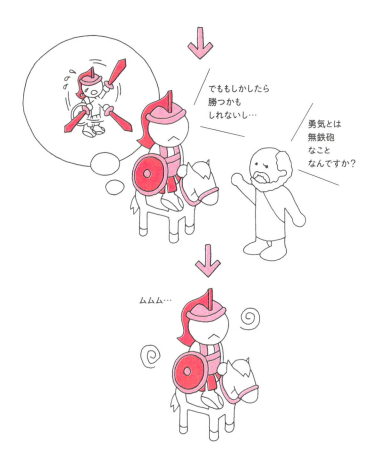

ソクラテスとの問答によって、政治家たちは自分が正義や勇気などの意味を知っているつもりでじつは何も知らなかったことに気づかされます。そして「正しい知識を学ぼう」という気持ちになったのです。

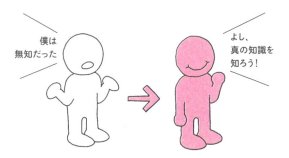

このように問答しながら相手の無知を自覚させ、真の知識を探ろうとさせることを問答法といいます。また、相手の知を生む手伝いをするので産婆術ともいいます。

魂への配慮 (プシュケー)

> ▶021

意　味 ---------- 幸福のためには、優れた魂（精神）を持つことが必要であるということ
文　献 ---------- プラトン『ソクラテスの弁明』
メ　モ ---------- ソクラテスにとって「善く生きる」ことと同義

富、健康、名誉だけでは心の平安は訪れません。

すぐれた魂によってこれらが正しく使われた場合のみ、幸せを生み出すと**ソクラテス**は考えました。

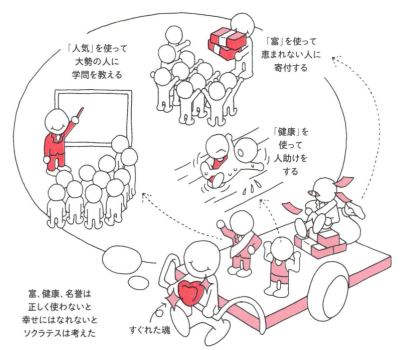

当時のアテナイの人々

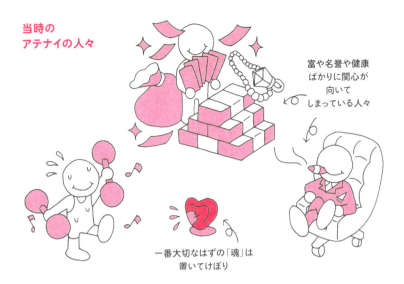

富や名誉や健康ばかりに関心が向いてしまっている人々

一番大切なはずの「魂」は置いてけぼり

けれども当時アテナイの人は、最も大切なはずの魂には関心を持たず、富や名誉や健康ばかりに関心がありました。**ソクラテス**はこのことを**「魂（プシュケー）への配慮**がたりない」と表現しました。

主知主義

真、善、美を正しく知れば、自分の魂は優れたものになるとソクラテスは考えた

何が善で何が悪か、何が美で何が醜かを正しく知れば自分の魂は磨かれると**ソクラテス**は言います。知を最も優れたものとするこうした考え方を<u>**主知主義**</u>といいます。

アレテー

意　味	魂に優れた性質が備わっていること
語　源	あるものの本来の能力、卓越性
文　献	プラトン『ゴルギアス』『メノン』ほか
関　連	知徳合一 (P037)

物にはそれぞれの固有の**性質**があります。たとえば「靴」にはいろいろな性質がありますが、履物としての性質が一番重要です。この一番重要な性質が**アレテー**（徳）です。つまり靴の**アレテー**は履くということです。

ファッション　　　　履物　　　　犬の遊び道具
として　　　　　として　　　　として

靴にはいろいろな性質があるけれど
履くことができなければ靴ではない。この「履く」という性質が一番重要。
つまり靴のアレテーは「履く」ということ

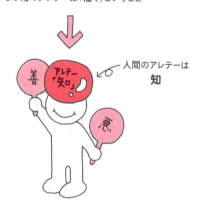

人間のアレテーは**知**

ソクラテスは人間の**アレテー**を、善と悪とを理性的に判断する**知**だと考えました。

ただ生きるのではなく善く生きる

意　味 ー 欲望のままに生きるのではなく、徳を知り、正しく生きることが大切だということ

出　典 ー プラトン『クリトン』

ソクラテスは「国家の神々を認めず、人々を惑わせた」という理由で裁判にかけられましたが、そこで命乞いをせず、自分の主張を通したため陪審員に嫌われ、死刑になってしまいます。

弟子たちは**ソクラテス**に国外逃亡を勧めましたが、彼は**「大切なことはただ生きることではなく善く生きることだ」**と言って死刑を受け入れます。裁判が不正であっても、自分は脱獄という不正を行ってはならないと考えたからです。つまり**ソクラテス**にとって**善**とは**普遍的**なことでした。彼は**「悪法もまた法なり」**と言って毒ニンジンを飲みます。

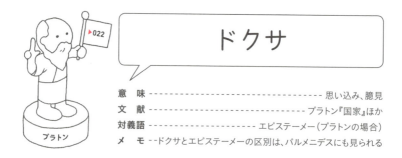

ドクサ

意　味	思い込み、臆見
文　献	プラトン『国家』ほか
対義語	エピステーメー（プラトンの場合）
メ　モ	ドクサとエピステーメーの区別は、パルメニデスにも見られる

感覚器官（五官）から入ってきた情報を、そのまま何も考えずに捉えてしまった独断的な思い込みのことを**プラトン**は**ドクサ**と呼びます。

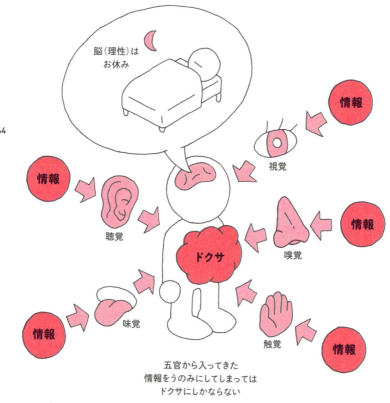

五官から入ってきた
情報をうのみにしてしまっては
ドクサにしかならない

これに対して、情報を理性で判断した後の客観的な知識（誰もが納得する知性）を**エピステーメー**（P045）と呼びました。

エピステーメー

意　味	客観的な知識。学問的な知識
文　献	プラトン『国家』ほか
対義語	ドクサ（プラトンの場合）
メ　モ	アリストテレスでは真なる知識の認識能力をさす

ドクサ（P044）に対して、理性によって得られた知識を**エピステーメー**といいます。

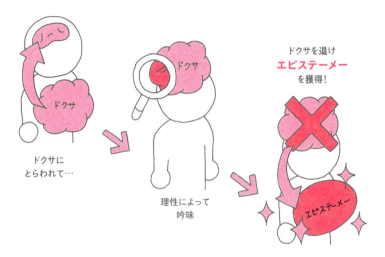

善く生きるためには**ドクサ（思い込み）**を退け、理性によって**エピステーメー（正しい知識）**を得なくてはならないと**プラトン**は考えました。

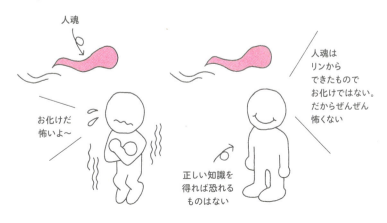

意　味	永遠不変の実在
文　献	プラトン『パイドン』『パイドロス』『国家』ほか
対義語	現象
メ　モ	「idea（観念）」「idee（理念）」の語源

私たちは**完全な三角形**というものを作り出すことも、描くことも、見たこともありません。

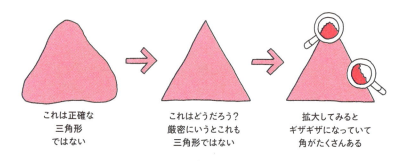

これは正確な三角形ではない

これはどうだろう？厳密にいうとこれも三角形ではない

拡大してみるとギザギザになっていて角がたくさんある

それなのに私たちは完全な三角形というものを理解することができます。私たちの頭の中にだけあるこの完全な三角形のことを、三角形の**イデア**といいます。**プラトン**は花には花の**イデア**、木には木の**イデア**があると考えました。

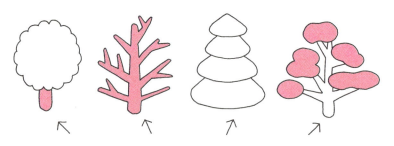

4つとも形がぜんぜん違うのになぜ木だと判断できるの？

たとえば、上の4つの絵はすべて木の絵です。4つとも**形**はかなり違いますが、どうして私たちはこれらをすべて木と判断することができるのでしょうか？

それは、すべての木には共通した**形（木のイデア）**があるからです。この**形（木のイデア）**は目で見ることはできませんが、理性の目で見ることができると**プラトン**は考えました。

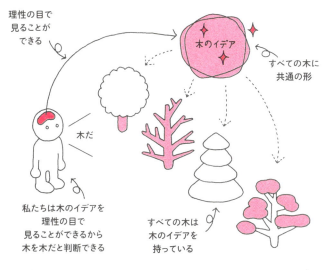

ほかにも、様々な例をあげることができます。

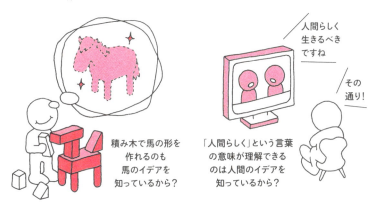

さらに**プラトン**は正義や美などにも**イデア**があると考え、その中でも**善のイデア**が最高の**イデア**だと考えました。

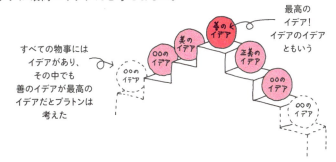

イデア界｜現象界

文　献 .... プラトン『国家』ほか
関　連 .... 想起説(P050)、洞窟の比喩(P052)
メ　モ .... プラトンは、芸術作品はイデアの模倣である自然を
　　　　　　　　さらに模倣したものだと考えた

プラトンは**イデア**(P046)が頭の中だけにあるものではなく、本当に存在すると考えていました。彼は、**イデア**が存在する世界を**イデア界**、私たちが住んでいるこの世界を**現象界**、そして**現象界に存在する物事**を**現象**と呼びます。

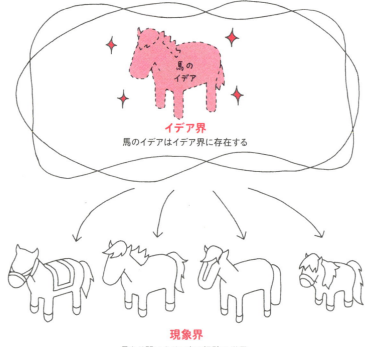

イデア界
馬のイデアはイデア界に存在する

現象界
見たり聞いたりできる経験の世界。
すべての現象界の馬は馬のイデアを持っている

現象界（私たちが住んでいる世界）に住む馬は様々な形をしています。けれども**プラトン**によれば、この世のすべての馬は**馬のイデア**を持っています。だから、私たちは馬をほかの動物と区別できるのです。

そして、**現象界**の馬は、生まれてから様々な形に変化してやがて消えていきます。

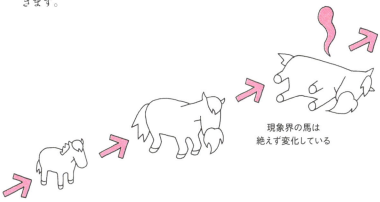

現象界の馬は絶えず変化している

けれども**イデア界**の馬は変化しません。**プラトン**にとって変化しない絶対的な形が真の姿なのです。つねに変化している**現象界**の馬は馬のイデアの**模造品（ミメーシス）**にすぎないと彼は考えました。

変化しない馬のイデアが真の姿

変化する現象界の馬は模造品

同じように、**現象界**の善や美や正義などは、**イデア界**にあるそれらの**模造品**だと**プラトン**は言います。つまり真の善や美や正義を知るためには、それらの**イデア**を探究しなくてはならないと**プラトン**は考えました。

真の知識とは理性を働かせてイデアを探求することだとプラトンは考えた

イデアは絶対的であって時代や環境によって変化しない

想起説 アナムネーシス

▶022

意　味 ────── 人間は、魂がかつて天上界で見た
　　　　　　　　イデアを思い出して、真理を認識するという考え方
文　献 ────── プラトン『メノン』『パイドン』『パイドロス』
関　連 ────────────────── イデア界｜現象界(P048)

プラトン

正確な円や完全という概念、または愛や正義を理解できるのは、私たちの魂が私たちが生まれる前に見ていたそれらの**イデア**(P046)を思い出すからだとプラトンは考えました。これを**想起説(アナムネーシス)**といいます。

想起説

想起説は、後に人間は生まれつき理性を持っているという**デカルト**の**生得観念**(P112)という考えに引き継がれます。

エロス

文　献 ---------------------------------- プラトン『パイドロス』
関　連 ---------------------------------- 想起説(P050)
メ　モ -------------- プラトニックラブ（精神的な恋）の語源は
　　　　　　　　　　　プラトンのエロス論から来ている

私たちの魂は、この世界に生まれる前には**イデア**(P046)を見ていましたが、私たちが生まれたときにほとんど忘れてしまうと**プラトン**は考えました。美しいものを見たり聞いたりすると感動するのは、魂がかつて見た**イデア**の姿を思い出すからだと**プラトン**は言います。

私たちが完全を好んだり、善を目指そうとするのは私たちの魂がいつも**イデア**に憧れているからだと**プラトン**は主張します。魂が純粋にイデアに憧れることを**エロス**といいます。この意味で**エロス**は**純愛**を意味します。

ギリシア語には「愛」と訳される言葉が3つある。エロスはその1つ

エロス 純愛　　**フィリア** 友愛(P067)　　**アガペー** 無償の愛(P080)

洞窟の比喩

文　献 ------ プラトン『国家』
関　連 ------ イデア界｜現象界(P048)
メ　モ -- 現実の世界とイデアの世界とを二分するプラトンの思想は、
　　　　　ピタゴラスの神秘主義を受け継いでいる

感覚器官（五官）から入ってきた情報をそのまま何も考えずに信じてしまってはいけないと**プラトン**は言います。彼にとっては、物事の**イデア**(P046)を探究することが何よりも大切なのです。**プラトン**は、イデアに無関心な人々を、洞窟で手足を縛られて、松明が照らす影の像を見せられている囚人にたとえます。これを洞窟の比喩と呼びます。

洞窟の比喩

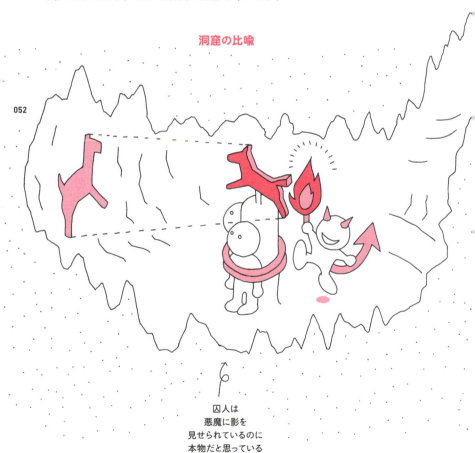

囚人は
悪魔に影を
見せられているのに
本物だと思っている

洞窟の中で影を本物と信じ込んでいる人々には、洞窟の外の世界を見せてあげなくてはいけません。この外の世界が**イデア**の世界の比喩になっています。

感覚だけでものを見ている人に、理性を使って**イデア**を見るように促すことができる存在。**プラトン**にとってそれは**哲学者**にほかなりませんでした。**プラトン**は統治者には哲学者がなるべきだと考えました（哲人政治P056）。

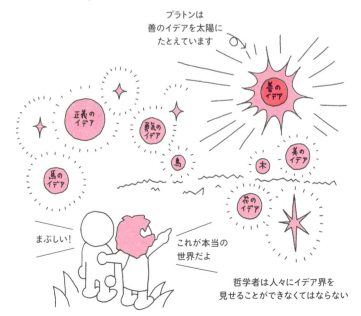

魂の三分説

文　献 ---- プラトン『パイドロス』『国家』
関　連 ---- 四元徳(P055)、哲人政治(P056)、理想国家(P057)
メ　モ ---- プラトンは、魂のあるべき姿を
国家のあるべき姿にあてはめて理想国家を構想した

プラトンにとって、人間の魂は**理性・意志・欲望**の3つからなります。これを**魂の三分説**といいます。そしてそれぞれ**頭部・胸部・腹部**に宿ると考えました。

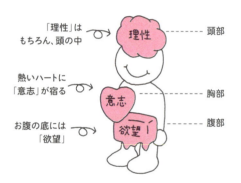

そして**理性**が御者となり**意志**の白い馬を励まし、**欲望**の黒い馬を抑制して、前へ進むべきと説きました。

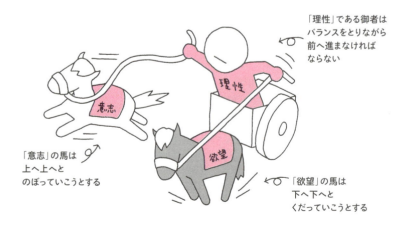

四元徳

文　献 -- プラトン『国家』
関　連 -- 魂の三分説(P054)
メ　モ ---------------------------- 中世キリスト教では、四元徳に
　　　　　　　　　「信仰」「希望」「愛」を加えた七元徳が成立した

魂は**理性・意志・欲望**の３つからなります（魂の三分説P054）。それらが正しく働くと、それぞれ**知恵・勇気・節制**の徳になります。この３つが調和すると**正義**の徳が生まれると**プラトン**は考えました。

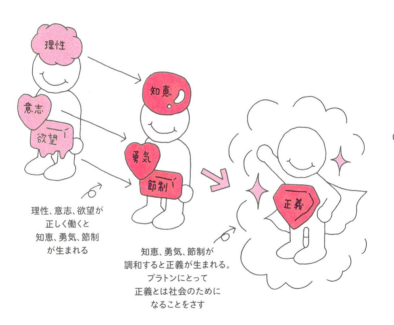

知恵・勇気・節制に正義を加えた４つの徳をギリシアの**四元徳**といいます。

哲人政治

意　味 ---------- 善のイデアを認識する哲学者が政治家となって国家を運営すべきだというプラトンの国家論
文　献 -- プラトン『国家』
関　連 -------------------- 魂の三分説(P054)、理想国家(P057)

人の魂は**理性・意志・欲望**の3つからなります(魂の三分説P054)。その中で**理性**の割合が一番多い人、すなわち哲学者が統治者に一番向いていると**プラトン**は考えました。これを<u>哲人政治</u>と呼びます。

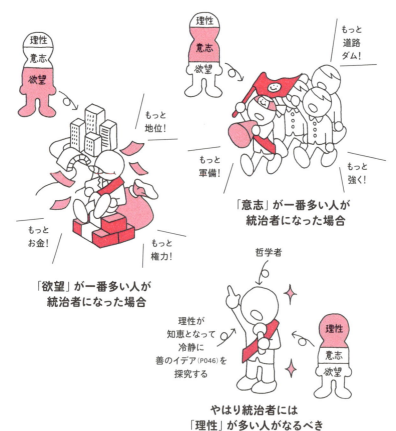

プラトンは「**哲学者が国家の支配者になるか、支配者が哲学者とならない限り、理想的な国家は決して実現しない**」とまで言いました。

理想国家

文　献 ……………………………… プラトン『国家』
関　連 ……………………………… 魂の三分説(P054)、哲人政治(P056)
メ　モ ……………………………… プラトンが構想した理想国家は、民主制ではなく貴族制に分類される

統治者階級の「知恵」と防衛者階級の「勇気」と
生産者階級の「節制」がそろえば、
「正義」が生まれ、「理想国家」が誕生！

プラトンは、国家は人の**四元徳**(P055)をそのまま大きくしたようなものだと考えました。国家は**統治者階級・防衛者階級・生産者階級**から成り、彼らが持つ**理性・意志・欲望**が**知恵・勇気・節制**となったとき、正義が生まれ、**理想国家**が誕生します。

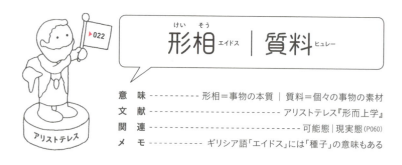

形相(エイドス) | 質料(ヒュレー)

意　味 ---------- 形相＝事物の本質｜質料＝個々の事物の素材
文　献 -------------------------- アリストテレス『形而上学』
関　連 ---------------------------- 可能態｜現実態(P060)
メ　モ ---------- ギリシア語「エイドス」には「種子」の意味もある

アリストテレスは野生の動物を研究しているうちに、**プラトンのイデア**(P046)**論**に疑問を持ちます。

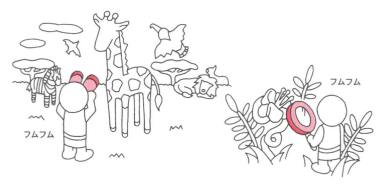

プラトンは現実の世界にあるものはすべて**イデアの模造品**(ミメーシス P049)であると言いましたが、**アリストテレス**は、現実の馬や花や鳥が模造品とはどうしても思えませんでした。

アリストテレスは物や生き物の**本質**は目に見えない**イデア**などではなく、それぞれの**個物**の中にあると考えました。

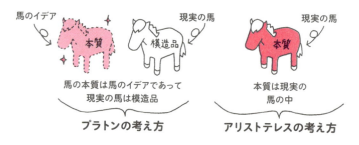

そして、物や生き物の本質はその物が何であるかを表す**形**であると考えました。これを**形相（エイドス）**と呼びます。

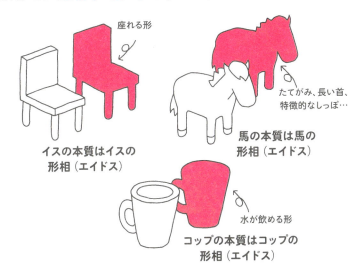

さらに、その個物の素材を**質料（ヒュレー）**と呼びました。

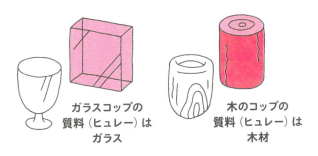

アリストテレスによれば、あらゆる物や生物はこの**形相**と**質料**の2つから成り立っています。

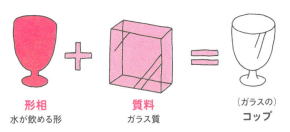

アリストテレスは**プラトンのイデア論**のように独断的で抽象的な発想ではなく、現実主義的な考え方をしたということができます。

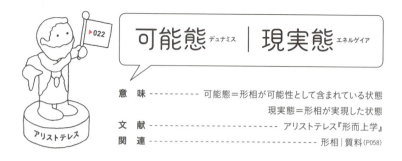

可能態(デュナミス) | 現実態(エネルゲイア)

意味 ……… 可能態＝形相が可能性として含まれている状態
現実態＝形相が実現した状態
文献 ……………………………… アリストテレス『形而上学』
関連 ……………………………………………… 形相｜質料(P058)

アリストテレスは、質料(P059)と形相(P059)の関係を、**可能態（デュナミス）**と**現実態（エネルゲイア）**という言葉で説明しました。

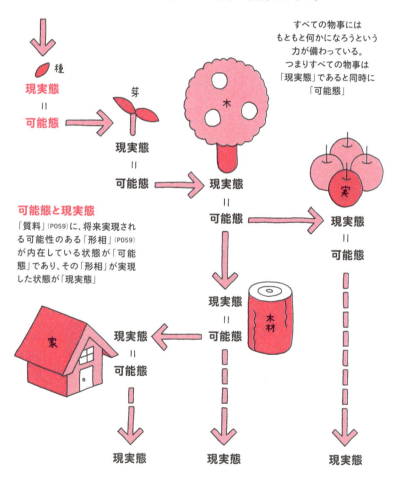

すべての物事にはもともと何かになろうという力が備わっている。つまりすべての物事は「現実態」であると同時に「可能態」

可能態と現実態
「質料」(P059)に、将来実現される可能性のある「形相」(P059)が内在している状態が「可能態」であり、その「形相」が実現した状態が「現実態」

アリストテレスは現実の世界をよく観察して、このような原理を考案しました。

四原因説

文献 ── アリストテレス『自然学』
関連 ── 形相｜質料 (P058)
メモ ── 自然の事物は目的を持って存在しているという見方を「目的論的自然観」という

アリストテレスは世の中のすべての物事は4つの要因（❶形相因、❷質料因、❸目的因、❹作用因）によって成り立っていると考えました。これを**四原因説**といいます。

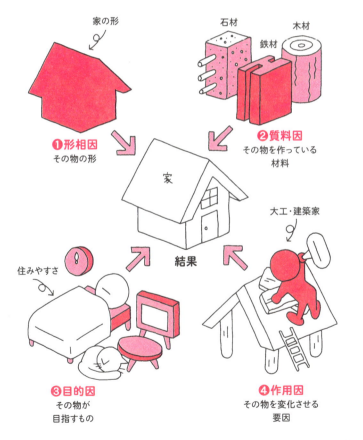

アリストテレスにとって、世界を知るということは、世界の成り立ちを知ることにほかなりません。世界の成り立ちを知るということは、様々な物事を成り立たせている**四原因**を知るということなのです。

形而上学 メタフィジカ

文献 -------- アリストテレス『形而上学』
メモ -------- もともと『メタ＝フィジカ』は「自然学（フィジカ）のあと（メタ）」の意で、後世の編纂者が名づけた。アリストテレス自身が使っていた用語ではない

アリストテレスは、**形而上学（メタフィジカ）**は自然学より先立つ学問であると位置づけました。たとえば、「シカのツノはどんな働きをしているか？」や「ツノは何からできているか？」を調べるのが自然学だとしたら、**形而上学**は「ツノとは何か」「ツノを含め世界はなぜ存在するのか？」「そもそも存在するとはどういうことか？」などを考える学問です。

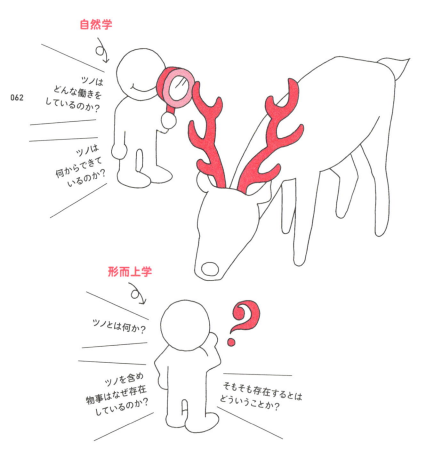

アリストテレスにとって「ツノとは何か」を考えることは、ツノの**実体**（P132）を探求することでした。**プラトン**にとっては**イデア**（P046）が**実体**ですが、**アリストテレス**は具体的な**個物**こそ実体であると考えました。たとえば、**アリストテレス**にとっては、目の前にあるツノこそが**実体**なのです。こうした具体的な**個物**は、**形相**（P059）と**質料**（P059）が合わさって成立しているというのが**アリストテレス**の考えです。

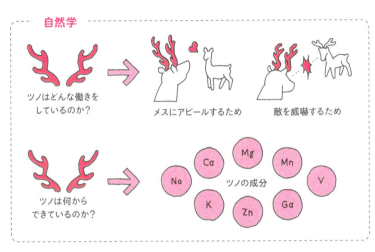

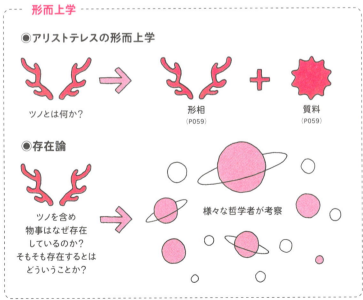

人間の五官で実際に見たり聞いたりできる物事を超えた物事を考察する**形而上学**は、しばしば「哲学」と同義語として扱われています。

テオリア

意　味	観照・観想（真理を純粋に考察すること）
文　献	アリストテレス『形而上学』
メ　モ	「テオリア」は、セオリー（理論）の語源。人生における最高の活動とアリストテレスは考えた

そのものが一番幸福である状態とは、そのものが持つ固有の機能を十分に発揮しているときであると**アリストテレス**は考えました。

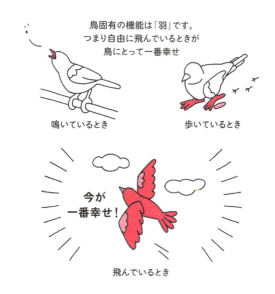

人間固有の機能は**理性**だと考えた彼は、人間が一番幸福な状態は理性を働かせて物事を探究しているときだと言いました。この状態を**アリストテレス**は**テオリア**と呼びます。

知性的徳｜倫理的徳

意　味 ---- 知性的徳＝教育によって獲得される徳
　　　　　　倫理的徳＝習慣によって獲得される徳
文　献 ---- アリストテレス『ニコマコス倫理学』
関　連 ---- 中庸(P066)、フィリア(P067)

アリストテレスは人間が幸福になるためには徳を持つべきだと考えました。彼は徳を知性的徳と倫理的徳の2つに分けて考察します。知性的徳とは、物事を理解する知恵（ソフィア）、判断する思慮（フロネーシス）、作り出す技術（テクネー）のことです。そして倫理的徳とは、勇気や節制のことをいいます。

そして、倫理的徳を身につけるためには、つねに中庸(P066)を選ぶ習慣を心がけるべきだとアリストテレスは考えました。

中庸（ちゅうよう）

文　献 ── アリストテレス『ニコマコス倫理学』
関　連 ── 知性的徳｜倫理的徳(P065)
メ　モ ── アリストテレスは、中庸を判断する能力を「思慮（フロネーシス）」と呼んでいる

人が幸福に暮らすためには、**倫理的徳**(P065)を身につけることが重要だとアリストテレスは言います。そのためには、正しい知識や高い技術を持つだけでは不十分で、つねに中庸をとる習慣（エートス）を心がけるべきだと主張しました。

幸福になるためには中庸の精神が大切

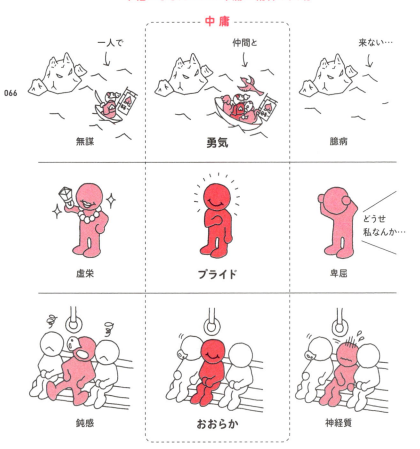

フィリア

文献 — アリストテレス『ニコマコス倫理学』
関連 — 知性的徳｜倫理的徳（P065）
メモ — アリストテレスは、フィリアを「利益」「快楽」「人柄の善さ」という3段階に分けている

アリストテレスは共同体を維持するためには正義以上に**友愛（フィリア）**が大切だと考えました。また彼は友愛を**「もし人々が友愛的ならば正義はまったく必要ないが反対に彼らが正義の人々であっても、友愛はなお必要だ」**という言葉で表現しています。

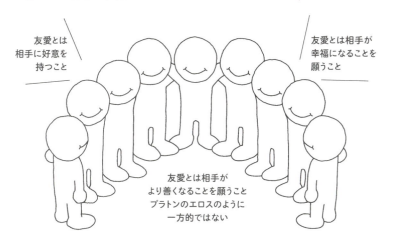

哲学で愛を表す言葉は3つあります。**プラトン**の**エロス**（P051）は相手を一方的に思う愛なので、自分のための行為といえます。**アリストテレス**の**フィリア**は、お互いに相手が幸福になることを願う愛です。

正義

文　献　　　アリストテレス『ニコマコス倫理学』
関　連　　　フィリア(P067)
メ　モ　　　アリストテレスは、フィリアと正義を、ポリス（共同体）を成り立たせる徳と考えた

アリストテレスは**「人間は共同体（ポリス）的動物である」**と言います。そして共同体のためには、**正義（公正）**を維持しなければなりません。彼は共同体の正義とは何かを考えました。彼はまず正義を大きく**全体的正義**と**部分的正義**に分けます。そしてさらに部分的正義を**配分的正義**と**調整(矯正)的正義**に分けて考察していきます。

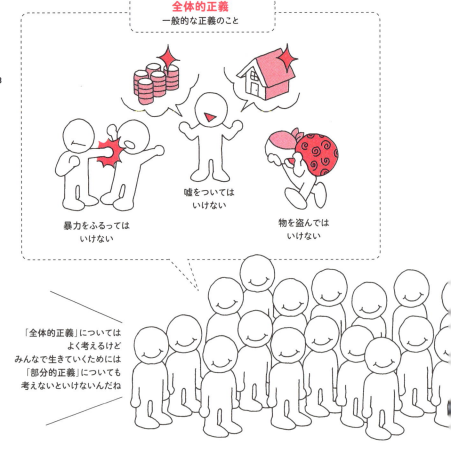

全体的正義
一般的な正義のこと

暴力をふるってはいけない
嘘をついてはいけない
物を盗んではいけない

「全体的正義」についてはよく考えるけどみんなで生きていくためには「部分的正義」についても考えないといけないんだね

部分的正義
共同体の中の決まりごとのこと

配分的正義
能力や労働量によって報酬を分けること。
アリストテレスにとってこれは正義だった

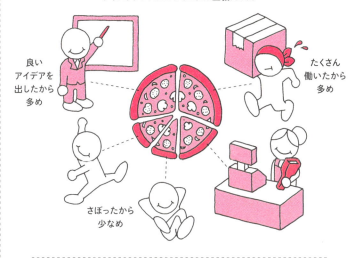

調整的正義（矯正的正義）
罪を犯した人には罰を、被害者には補償して公正さを保つこと。
アリストテレスにとってこれも正義だった

アリストテレスはこの**配分的正義**と**調整的正義**を行うことが共同体には必要であると主張しました。

ストア派

語　源	創始者ゼノンがアテネのストア・ポイキレ(壁画付き柱廊)で学園を開いたことによる
具体例	ゼノン、マルクス・アウレリウス
メ　モ	英語の「ストイック(禁欲的)」の語源

古代ギリシアは、**アテナイ**や**スパルタ**など**ポリス**と呼ばれる小さな共同体に分かれていました。そして、自分たちの生活のルールはポリスごとに自分たちで決めていました。だからギリシア人は、自分が所属するポリスにとても誇りを持っていました。

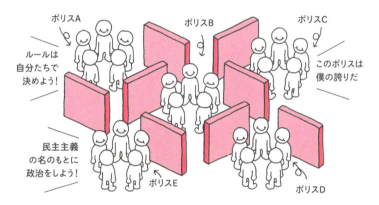

けれども**アレクサンドロス大王**が帝国をつくりあげるとポリスは解体。ポリスを自分のアイデンティティにしていたギリシア人は心のよりどころを失い始めます。

このような理由から、**ヘレニズム時代**（アレクサンドロス大王〜ローマ帝政）の哲学は「いかにして心の不安を取り除くか」がテーマになります。そこでまずゼノンの唱えたストア派が誕生します。**ストア派**は**情念（パトス）**に振り回されない**無情念（アパテイア）**をめざす生き方を提案します。

エピクロス派

具体例 ・・・・・・・・・・・・・・・・・・・・・ エピクロス、ルクレティウス
メ モ ・・・・・・ストア派がローマ帝国公認の道徳になったのに対して、
エピクロス派はストア派やキリスト教から誹謗を浴びせられ、
ローマ帝政時代に衰退した

ストア派（P071）にやや遅れて**エピクロス派**が登場します。**エピクロス派**の平常心の保ち方は**ストア派**のように禁欲的ではなく、むしろ**快楽**を肯定します。けれども彼らの快楽とはむさぼるようなものではなく、**心が不安でない状態**をさします。

エピクロス派の快楽はこれではない

エピクロス派にとって、平安な心の境地（**アタラクシア**）への到達の条件は❶死の恐怖を取り除くこと、❷最小限の欲望を満たすこと、❸友情を大切にすることの3つです。

エピクロス派的生き方とは？

❶ 死の恐怖を取り除く
❷ 最小限の欲望を満たす
❸ 友情を大切にする

そうすると…

ささいなことでも喜びを感じることのできる平安な心の境地であるアタラクシアに達する

まず❶です。**エピクロス**は死んでしまったら、自分はもう存在しないのだから死を恐れる必要はないと考えて死の恐怖を取り除きます。

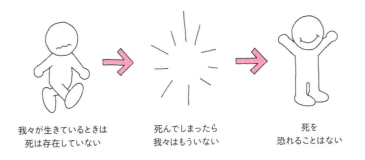

そして❷です。最小限の欲望とは、**飢えない**、**渇かない**、**寒くない**の3つだと**エピクロス**は言います。ほかのことに執着せず、これらのみ満たせばよいわけです。

しかし、誘惑が多いのが世の中です。**エピクロス**は政治や社会の雑踏から身を引いて、田園の中で仲間たちと友情を大切にしながら静かに暮らすことを提案します。**エピクロス**はこれを**「隠れて生きよ」**と表現しました。

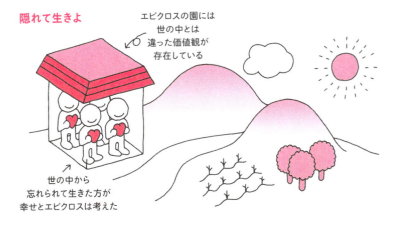

中世

中世の哲学者

イエス・キリスト
[用語]P080

パウロ
[用語]P082

教父哲学
アウグスティヌス P078
[用語]P082

A.D.1　100　200　300　400　500　600　700

- 帝政ローマ始まる(27)
- ローマがキリスト教公認(313)
- ゲルマン人大移動開始(375)
- ローマ帝国東西分裂(395)
- 西ローマ帝国滅亡(476)

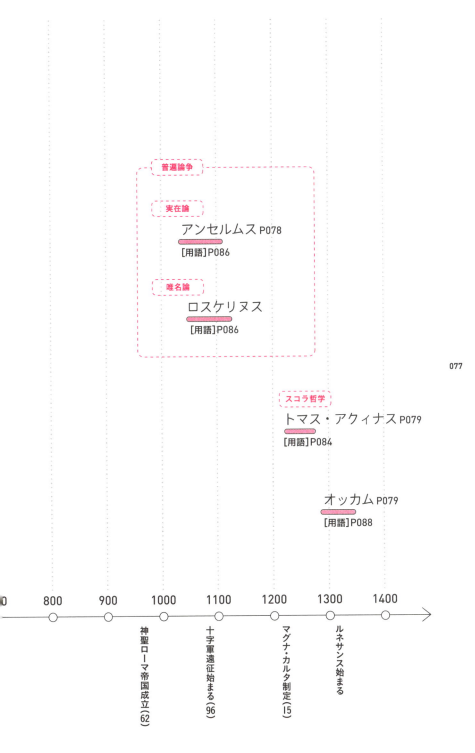

主著『告白』『神の国』『三位一体論』

アウグスティヌスが影響を受けた新プラトン主義は、イデア論を基礎に、万物は「一者」（＝神）から流出すると考える神秘主義的な思想

悪は善の欠如。

354〜430

アウグスティヌスによれば、神は善だけを生み出し、悪は不完全な善とされる

アウレリウス・アウグスティヌス

AURELIUS AUGUSTINUS　　▶P082

キリスト教会の最大の教父。北アフリカのローマ領ヌミディア出身。青年時代は、女性や演劇に熱中。欲望のままに放縦な生活を送ったり、マニ教に傾倒したりしたが、後に新プラトン主義の影響を受けて、キリスト教に回心。異端との論争の中で『神の国』『告白』など多くの著作をあらわし、キリスト教会の教義の確立につとめた。

主著『モノロギオン』『プロスロギオン』『真理について』

アンセルムスは、新プラトン主義の影響のもと、「人間」という普遍的概念が実在するという「実在論（実念論）」を主張した

理解せんがために信ずる。

1033〜1109

信じることから出発して、信仰の正しさを理性的に探求することを提唱した

カンタベリーのアンセルムス

ANSELM OF CANTERBURY　　▶P086

スコラ哲学の父。イタリア出身。フランスのル・ベック修道院で学び、院長となる。その後、聖職者叙任権闘争に巻き込まれながら、1093年にイギリスのカンタベリー大司教に就任。国王ウィリアム2世やヘンリー1世と対立するも、王権が教会に介入することを固く拒んだ。アンセルムスの神の存在証明は、近代哲学にも大きな影響を与えた。

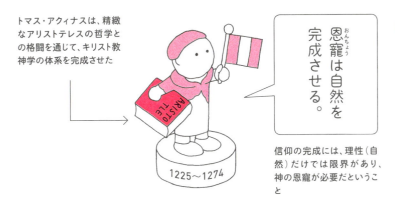

トマス・アクィナス

THOMAS AQUINAS　　　▶P084

イタリアの貴族に生まれる。ドミニコ修道会に入り、パリやイタリアで教育・著述活動に専念。13世紀、十字軍の影響でイスラム世界から入ってきたアリストテレス哲学を神学的に解釈することで、神学と哲学の有機的な調和を図った。スコラ哲学の完成者として「スコラ哲学の王」「天使的博士」と呼ばれ、後世にも大きな影響を与えた。

オッカムのウィリアム

WILLIAM OF OCKHAM　　　▶P088

イギリスのスコラ哲学者。フランチェスコ修道会に属し、研究に専念。論証能力に秀でていたため、同時代の哲学者からは「無敵博士」と呼ばれる。理性と信仰の分離を宣言するとともに、普遍は存在しないという唯名論を唱え、教会からは異端視された。経験的認識を重視する思想は、後のイギリス経験論の先駆とされる。映画化された小説『薔薇の名前』の主人公のモデルでもある。

アガペー

意味 ──────── キリスト教における「神の愛」
文献 ──────── 新約聖書
メモ ──────── 神からの愛があるのに、なぜこの世に悪があるのかという問題が中世神学では大きな議論になった

神は、善人も悪人も、さらには神（自分）に背く者ですら、分け隔てなく救おうとするとイエスは考えました。神が人間に与える損得勘定のない**無償の愛**を**アガペー**といいます。

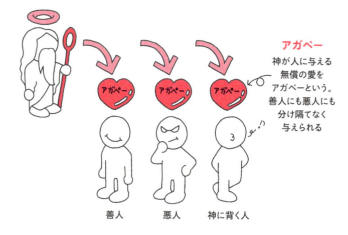

そしてイエスは、私たち人間同士の愛もアガペーであるべきだと説きます。彼は**「右の頬を打たれたら左の頬を差し出しなさい」**の言葉のように、「目には目を歯には歯を」といった報復主義ではない道徳を唱えます。

愛と訳される言葉はほかに**プラトンのエロス**(P051)、**アリストテレスのフィリア**(P067)がありますが、**アガペー**はこれらとはどのように違うのでしょうか？ **イエスの言葉**にその答えがあるかもしれません。

イエスは羊飼いに言う。
「善き羊飼いは1匹の羊を見失ったら
残りの99匹を置いてでも
探しに行きます」

罪人に石を投げている人に向かって
イエスは言う。「あなたたちの中で、
一度も罪を犯したことのない者が、
この人に石を投げなさい」

イエスはユダヤ教徒でしたが、ユダヤ教の教えをときに破ります。教えよりも**アガペー**の方を優先させたからです。彼は**アガペー**を身をもって実行していきます。

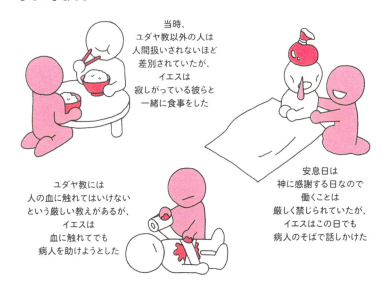

当時、
ユダヤ教以外の人は
人間扱いされないほど
差別されていたが、
イエスは
寂しがっている彼らと
一緒に食事をした

安息日は
神に感謝する日なので
働くことは
厳しく禁じられていたが、
イエスはこの日でも
病人のそばで話しかけた

ユダヤ教には
人の血に触れてはいけない
という厳しい教えがあるが、
イエスは
血に触れてでも
病人を助けようとした

その後、**イエス**はユダヤ教の異端者として十字架にかけられてしまいます。けれども彼の**アガペー**の教えは**パウロ**(?〜65年?)たちによって、ローマ帝国の領内にまで広められていきます。

教父哲学

文　献 -------------------- アウグスティヌス『神の国』など
メ　モ ---------- 教父とは、1～8世紀の初期キリスト教のなかで、
　　　　　　　　　　正統な信仰を伝承し、
　　　　　　　　模範的な生涯を送ったと公認された人々のことをいう

イエスの死後、弟子のパウロたちは地道な布教活動を続けます。それから約300年後、キリスト教はローマ帝国の国教になりました。ローマ教会によって承認され、キリスト教の正統な教義の確立につとめた指導者たちを教父といいます。

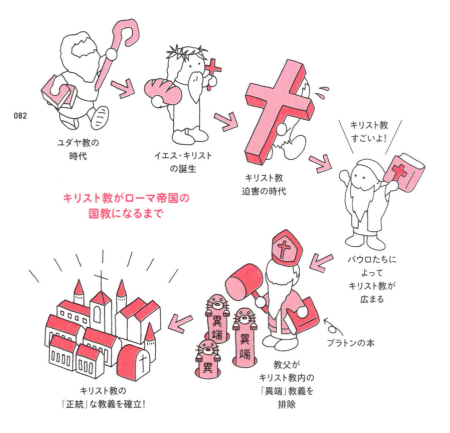

キリスト教がローマ帝国の国教になるまで

教父が説いた教義は教父哲学といわれます。中でも最大の教父といわれるアウグスティヌスは次の2つの教義で有名です。

1つ目は神の恩寵と教会の役割についてです。神の恩寵がなければ、生まれながらの人の原罪は報われない。その仲立ちをするのが教会だとする説です。

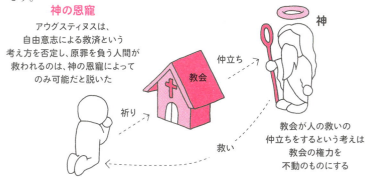

2つ目は三元徳上位説です。プラトンの四元徳(P055)よりもキリスト教の三元徳の方が価値が高いとする説です。

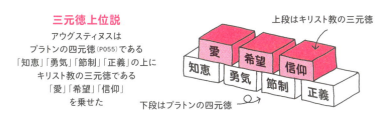

イエス本人は布教活動をしているつもりはありませんでしたが、キリスト教が広まった背景にはこれらの教義の存在がありました。さらにアウグスティヌスは、神とイエスと聖霊が一体だとする三位一体説を明確に定義して、キリスト教の教義を確立しました。

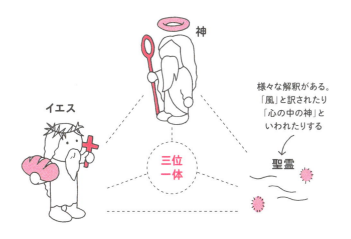

スコラ哲学

▶079

意　味	中世の学問的な神学
文　献	トマス・アクィナス『神学大全』など
メ　モ	「スコラ」の語源は、「ひま」を意味する「スコレー」。かつては議論をする時間がスコレーだった

中世初期、**アリストテレス**の哲学はヨーロッパでは忘れられましたが、イスラム世界で受容されていました。ところが中世中期になると十字軍によって再発見され、ヨーロッパに逆輸入されてきます。

アリストテレスの哲学は理性と信仰の矛盾を突きつけるものだったため、教会はあわてました。**トマス・アクィナス**は**アリストテレス**の哲学に対抗するため、逆に**アリストテレス**の哲学を用いて、理性と信仰の両立を証明しようとします。こうした神学を成り立たせる哲学を**スコラ哲学**といいます。その1つとして、**神の存在証明**があります。

トマス・アクィナスの神の存在証明

アリストテレスは物事は原因と結果で成り立っていると言った。それでは最初の原因は誰が作ったのか？ それは神にほかならない。よって、神が存在しないと世の中は存在できない

そして**トマス・アクィナス**は「死後の世界」や「宇宙の外側」などの問題にはアリストテレスの哲学では到達できないと考えます。**トマス・アクィナス**はこのような理性で到達できない問題を**真理**と呼び、真理にせまるのが**神学**だと説きます。

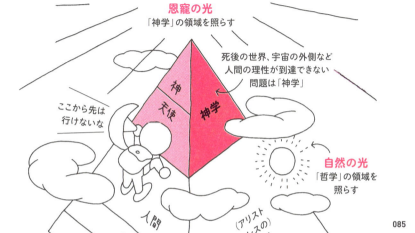

こうして**トマス・アクィナス**は神学と哲学に明確な上下関係を作りました。そして、この上下関係を中世**スコラ哲学**では**「哲学は神学のはしため」**と表現します。

普遍論争

意 味 ---------- 普遍が実在するかどうかという中世神学の論争
関 連 ---------------------------------- スコラ哲学 (P084)
メ モ ---------- この論争は、トマス・アクィナスが調停したが、
その後、オッカムが唯名論を唱え、議論は再燃した

ヒツジ、ニワトリ、ウシ…を総称する「家畜」というくくりは私たち人間が作った**言葉**です。それでは「動物」というくくりはどうでしょうか？「動物」一般という**普遍**は、この世の中に初めから存在しているのでしょうか？それとも私たちの都合で作った単なる言葉にすぎないのでしょうか？

「動物」という普遍は存在する？

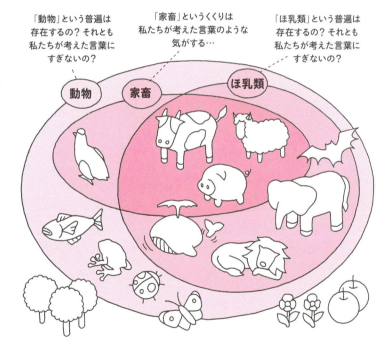

さらに「人間」という普遍は存在するのでしょうか？ この**「普遍は存在するかしないか」の論争（普遍論争）**は、中世の長きにわたって繰り広げられました。普遍は存在すると考えることを<u>普遍実在論（実念論）</u>、普遍は存在しないと考えることを<u>唯名論</u>といいます。

キリスト教の教えでは、最初の人類であるアダムの罪を同じ人間である私たちが「原罪」というかたちで背負っています。けれども、もし「人間」という普遍が存在しなかったら、私たちは罪を背負う必要はありません。「原罪」から私たちを救う役割をしている教会も必要なくなります。

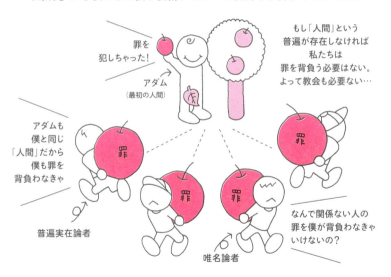

このような理由から、普遍の有無は教会にとって非常に重要な問題でした。

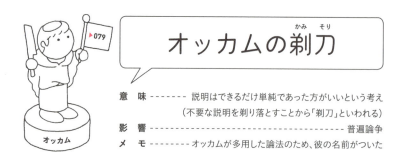

オッカムの剃刀

意　味 ------- 説明はできるだけ単純であった方がいいという考え
　　　　　　　（不要な説明を剃り落とすことから「剃刀」といわれる）
影　響 -- 普遍論争
メ　モ ------- オッカムが多用した論法のため、彼の名前がついた

普遍（普遍論争P086）は存在しないと考えた中世後期の人物が**オッカム**です。彼は存在するのは太郎や花子といった一つ一つの個物であり、それらを総称する「人間」という普遍の存在を認めません。

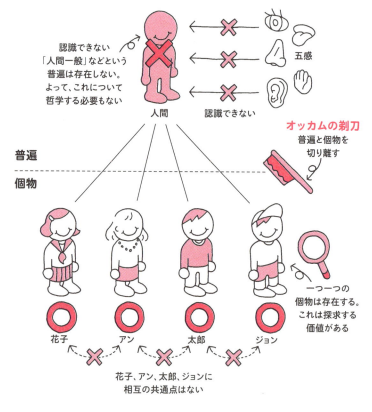

一つ一つの個物について探求していくことは重要ですが、人間が後から考えた**言葉**である「動物」や「人間」という、そもそも自然界に存在しないものに思考をめぐらす必要はないと彼は言います。無駄な言葉を剃刀で剃り落とすようなこの考え方は**オッカムの剃刀**と呼ばれています。

長らく哲学は、「哲学は神学のはしため」(P085)といって神学の下部に取り込まれてきました。けれども普遍を剃刀で剃り落としたオッカムは、つねに合理的であるべき哲学は、「人間」という普遍は存在するとする神学と分離して考えるべきだと説きました。

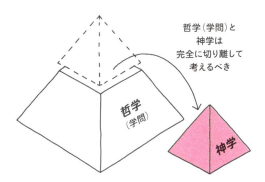

オッカムの剃刀の考え方は、神秘的ではなく合理的に物事を考えるきっかけとなっていきます。

そして、考える自分が主体となる近代的哲学の幕が開きます。

近世

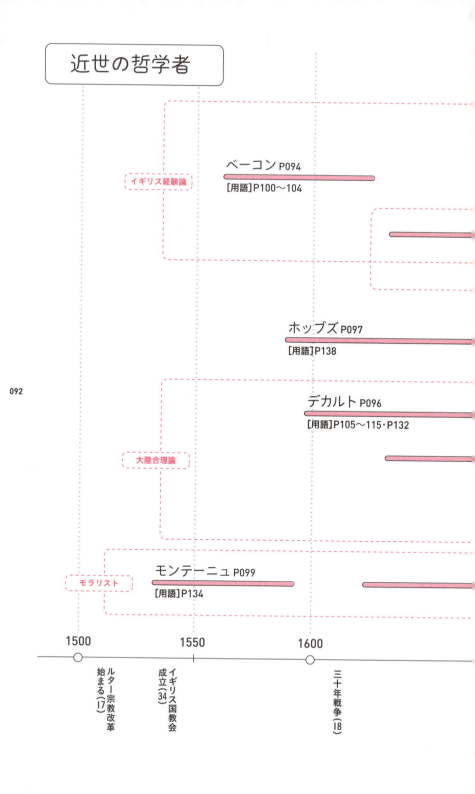

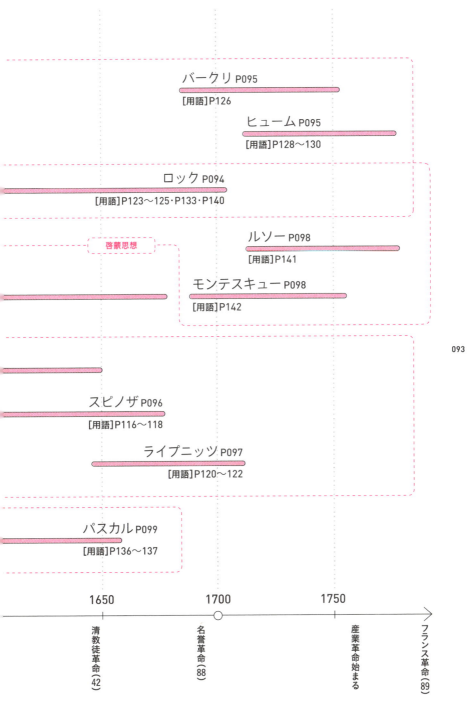

主著『ノヴム・オルガヌム――新機関』『学問の進歩』

鶏肉の保存に雪が有効だという説を検証した際、肺炎となり死亡。実験が科学の基礎となるとの主張を最後まで貫いた

知識は力なり。

1561〜1626

ベーコンは、科学的知識は人間の生活を向上させる力を持たねばならないと主張した

フランシス・ベーコン
FRANCIS BACON　▶P100〜104

イギリスの哲学者、政治家。イギリスの高級官吏の家に生まれ、12歳でケンブリッジ大学に入学。その後、法律を学び、弁護士資格を取得。23歳で国会議員となる。45歳のとき、14歳の少女と再婚。後に大法官となるも、汚職の罪に問われ投獄される。思弁的なスコラ哲学を批判し、実験と観察を重視したベーコンは、イギリス経験論の祖とされる。

主著『人間悟性論』『統治二論』

人間の心はもともと何も書かれていない「白紙」だと考え、知識は後天的な経験によって獲得されるとする経験論哲学を確立した

市民は革命の自由を持つ。

1632〜1704

政府の不当な権力行使に対する人民の抵抗権（革命権）を提唱

ジョン・ロック
JOHN LOCKE　▶P123〜125・P133・P140

イギリス経験論の代表的な哲学者、政治家。ピューリタンの家に生まれ、オックスフォード大学で哲学と医学を学ぶ。オランダへ亡命した後、名誉革命によって帰国。『人間悟性論』で経験論を論じる一方、『統治二論』で説いた社会契約説は、名誉革命を理論づけるとともに、フランス革命やアメリカ独立革命にも大きな影響を与えた。

誰もいない森の中で木が倒れたとき、音を発するか。知覚を事物の存在根拠とするバークリの答えはノーだ

存在するとは知覚されることである。

人間が知覚していないものでも存在するのは、神があらゆるものを知覚しているから

『視覚新論』『人知原理論』

ジョージ・バークリ
GEORGE BERKELEY　▶P126

イギリスの哲学者、聖職者。アイルランド出身。幼い頃から神童と呼ばれた。ダブリンのトリニティ・カレッジに学び、若くして教師になった。代表作である『視覚新論』と『人知原理論』は20代の著。聖職者として、バミューダ諸島に大学を建設するために渡米するも資金面で頓挫。カリフォルニアのバークレー市はバークリの名に由来する。

「熱に触れるから熱い」という因果関係の理解は、何度も経験を重ねた習慣の結果に作られた信念にすぎない

人間とは知覚の束にほかならない。

ヒュームにとっては、人間の心も、経験から受け取る知覚の集合にすぎない

『人間本性論』『人間知性研究』

デイヴィド・ヒューム
DAVID HUME　▶P128〜130

イギリスの哲学者、歴史家。スコットランド出身。エジンバラ大学で法律を学び、卒業後はフランスに滞留。この時期、執筆に専念して『人間本性論』を刊行。大学に職を求めたが、懐疑主義者の評が災いして希望は叶わなかった。エジンバラの図書館司書の時代に書き上げた『英国史』が名声を博し、駐仏大使秘書官や外務次官としても活躍した。

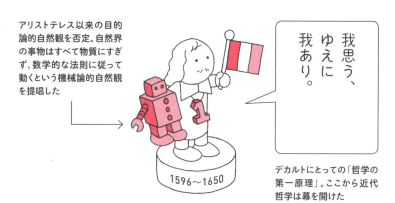

ルネ・デカルト

RENÉ DESCARTES ▶P105〜115・P132

フランスの哲学、自然科学者。「近代哲学の父」と呼ばれる。ラ・フレーシュの学校でスコラ的教育を受けた後、軍隊に志願。1619年11月10日、ドイツの冬の幕営地で「驚くべき学の基礎を発見」した。除隊後は、ヨーロッパ各地を旅し、オランダに定住。晩年は、スウェーデン女王に招かれたが、翌年病没。頭蓋骨がパリ人類史博物館に展示されている。

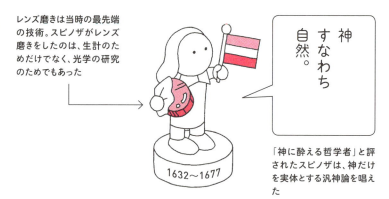

バルフ・デ・スピノザ

BARUCH DE SPINOZA ▶P116〜118

オランダの哲学者。ポルトガルからオランダに亡命してきたユダヤ商人の家庭に生まれる。ユダヤ教団所属の学校で教育を受けたが、西欧的思想に傾倒。1656年、無神論的傾向のためユダヤ教団を破門され、以後は教師とレンズ磨きで生計を立てながら執筆を続けた。44歳で肺の持病のため死去。孤独な自由思想家として哲学に没頭した人生だった。

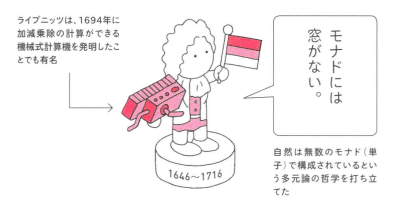

ゴットフリート・ライプニッツ

GOTTFRIED WILHELM LEIBNIZ　▶P120〜122

ドイツの哲学者、数学者。少年時代にラテン語を独学で学び、哲学書を乱読する。ライプチヒ大学、イエナ大学で哲学、法学、数学を修める。数学者として微積分を発見したり、政治家・外交官として活躍したりと多方面にわたって才能を発揮した天才。知的な交流も活発で、生涯で1000人を超える人々と書簡を交わし合った。

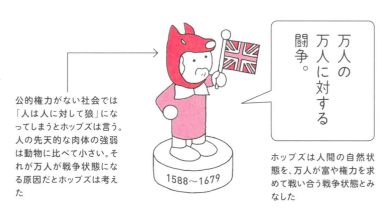

トマス・ホッブズ

THOMAS HOBBES　▶P138

イギリスの哲学者、政治学者。イギリス国教会の牧師の家に生まれ、オックスフォード大学で学び、卒業後は貴族の家庭教師をしながら研究を続けた。フランス、イタリアに旅行し、ベーコンやデカルト、ガリレイとも交流を持った。国内の動乱から一時、フランスに亡命。主著の『リヴァイアサン』は無神論であると批判され、発禁処分になりかけた。

シャルル＝ルイ・ド・モンテスキュー
CHARLES-LOUIS DE MONTESQUIEU　▶P142

フランスの啓蒙思想家、政治学者。法官貴族出身。法律を学んで、ボルドー高等法院の要職に就任。在任中に風刺小説『ペルシア人の手紙』を書き、フランスの政治・社会を批判して注目を浴びる。後にヨーロッパ諸国を遊学し、イギリスでロックの思想に影響を受け、『法の精神』をあらわした。そこで主張した三権分立論は、近代民主憲法の基礎となった。

ジャン＝ジャック・ルソー
JEAN-JACQUES ROUSSEAU　▶P141

フランス革命前夜の急進的啓蒙思想家。ジュネーブ共和国出身。徒弟生活の後に放浪、独学でみずからの教養を形成した。30歳のときにパリに出てディドロと交際し、『百科全書』の音楽の項目を執筆。1750年にディジョンのアカデミーの懸賞論文に『学問芸術論』が選ばれ、一躍注目を浴びる。晩年は苦悩の中で『告白』『対話』など自伝的な作品を書いた。

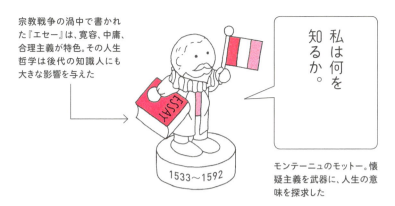

宗教戦争の渦中で書かれた『エセー』は、寛容、中庸、合理主義が特色。その人生哲学は後代の知識人にも大きな影響を与えた

私は何を知るか。

モンテーニュのモットー。懐疑主義を武器に、人生の意味を探求した

主著『エセー』

ミシェル・ド・モンテーニュ
MICHEL DE MONTAIGNE　▶P134

フランスのモラリスト。新興貴族の出身。法律を学んでボルドーの高等法院に勤め、ユグノー戦争末期にボルドーの市長にもなった。38歳で法官を辞任、残りの生涯の大部分を読書と思索に費やし、『エセー』を執筆。懐疑主義の立場から、独断や偏見を退けて中庸と寛容を説いた。鋭くも暖かな人間観察の記録は、モラリスト文学の最高峰とされる。

パスカルは乗合馬車のシステムを考案。路線バスの起源になった

人間は考える葦である。

人間性に対するパスカルの透徹した洞察は、この句に端的に表現されている

主著『パンセ』

ブレーズ・パスカル
BLAISE PASCAL　▶P136〜137

フランスの科学者、思想家。早熟の天才で、16歳のときに円錐曲線論を発表し、デカルトを驚かせた。流体力学に関する「パスカルの原理」を発見したほか、確率論や積分論などでも業績をあげた。31歳で宗教的回心を体験し、以降は修道院の客員となって信仰生活に入った。39歳で病没。遺稿『パンセ』は、実存主義の先駆とされる。

知は力なり

出典 ················ 『ノヴム・オルガヌム—新機関』
関連 ··········· イギリス経験論(P101)、帰納法(P104)、イドラ(P102)
メモ ················ ベーコンは、学問は自然法則を見いだし、その法則によって自然を支配する力を持つべきだと主張した

ベーコンは、**スコラ哲学**(P084)では学問的知識を基礎づけることはできないと考え、**自然哲学**と**スコラ哲学**の役割を明確に分けました。

ベーコンは中世のスコラ哲学(P084)は生活に役立たないと考えた

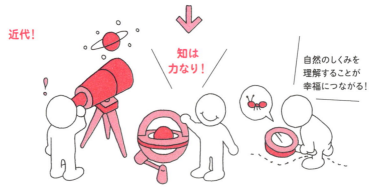

ベーコンは、スコラ哲学ではなく経験や実験による知識や学問が人を幸せにすると考えた

ベーコンは、生活の向上は教義からだけではなく、経験や実験による自然のしくみの理解（自然の征服）から得られると考えました。これを**「知は力なり」**と表現します。イギリスにもたらされたこの経験を重視する考えは、初めに真理ありきで世界を説明しようとする中世の哲学や神学とは、まったく反対の方法でした。

ベーコンなど

イギリス経験論

具体例 ・・・・・・・・・・・・・・・・・・・・ ベーコン、ロック、バークリ、ヒューム
対義語 ・・・・・・・・・・・・・・・・・・・・・・・・・・・・・・ 大陸合理論
メモ ・・・・・・・・・・・・・・・・・ フランスでもロックの影響を受けた
コンディヤック(1715-1780)は、経験論的な哲学を展開した

イギリスでは、知識や観念はすべて五感（聴覚、視覚、触覚、味覚、嗅覚）を通じて得た**経験**によるもので、生まれ持った知識や観念は存在しないという考え方が発展します。これを**イギリス経験論**といいます。**イギリス経験論者**はおもに**帰納法**(P104)で正しい知識を身につけられると考えます。

この考え方は、人は生まれつき知識や観念を持っているとする**大陸合理論**(P107)と対立します。

イドラ

意　味	ラテン語で「偶像」の意
文　献	ベーコン『ノヴム・オルガヌム─新機関』
関　連	知は力なり(P100)、イギリス経験論(P101)、帰納法(P104)
メ　モ	英語の「アイドル(idle)」の語源

ベーコンは知識はすべて経験によって得られると主張しました。けれども思い込みや偏見が、正しい知識の修得を妨害すると言います。このような思い込みや偏見をベーコンは**イドラ**と呼び、**❶種族のイドラ、❷洞窟のイドラ、❸市場のイドラ、❹劇場のイドラ**の4つに分けて考察しました。

4つのイドラが正しい知識を妨害する

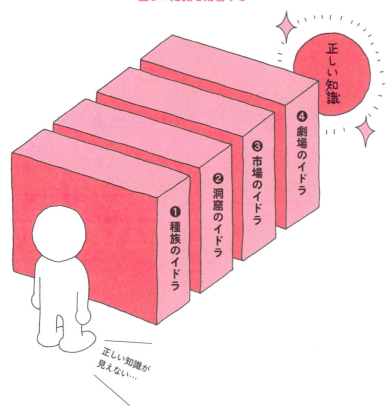

❶ 種族のイドラ
人間という種族に共通に備わった感覚による偏見

天が動いているような感覚

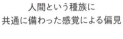
目の錯覚

擬人観

---

❷ 洞窟のイドラ
育った環境による、狭い考え方からの偏見

家庭環境や境遇

個人的な体験

読んだ本の影響

---

❸ 市場のイドラ
人が集まるところでの聞き違いやうわさ話など伝言ミスによる偏見

インターネットの情報

うわさ話

聞き違い

---

❹ 劇場のイドラ
有名人や偉い人の言葉を信じてしまうことによる偏見

人気番組の情報

偉い人の言葉

帰(き)納(のう)法

▶094

意 味	個別の事実や経験から一般的な法則を導く方法
文 献	ベーコン『ノヴム・オルガヌム―新機関』
対義語	演繹法
関 連	イギリス経験論(P101)

ベーコンなどの**イギリス経験論**(P101)の哲学者たちは、正しい知識を得るためには**帰納法**が有効だと考えました。**帰納法**とは、経験（実験）によりできるだけたくさんのサンプルを集め、一般論を導き出す方法です。**帰納法**によって得られた知識は、独断的ではなく、経験や実験による裏付けがあります。けれども、初めに集めたサンプルが少なかったり、間違っていたりすると、導き出された結論も間違ってしまいます。

帰納法

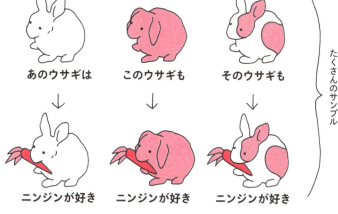

あのウサギは	このウサギも	そのウサギも
↓	↓	↓
ニンジンが好き	ニンジンが好き	ニンジンが好き

たくさんのサンプル

ゆえに

ウサギはニンジンが好き

一般論

デカルトなど

演繹法(えんえき)

意　味	一般的な法則や原理を個別の事実にあてはめること
文　献	デカルト『方法序説』
対義語	帰納法
関　連	大陸合理論(P106)

デカルトなどの**大陸合理論**(P107)の哲学者たちは、**演繹法**によって正しい知識を導き出そうとしました。演繹法とは、一般的な原理から理性的な推理によって、個物の真理をつきとめる方法です。演繹法では、前提が真理であれば、結論も真理になります。けれども、初めの前提が間違っていれば、その先の結論も真理に到達できません。

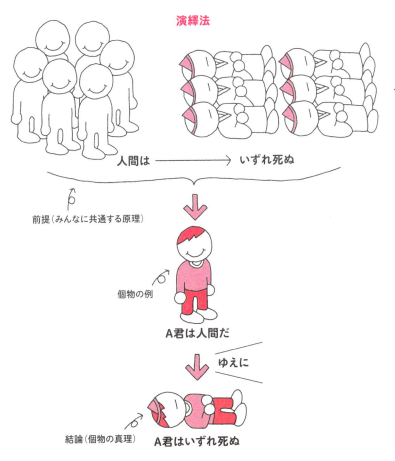

大陸合理論

具体例	デカルト、スピノザ、ライプニッツ
対義語	イギリス経験論
関連	演繹法(P105)
メモ	大陸合理論とイギリス経験論はカントが総合

デカルト、スピノザ、ライプニッツといった大陸の哲学者たちは、イギリスで発展した**イギリス経験論**(P101)とは違う考えを持っていました。

人は見間違いをしたり、実験結果を間違えたりします。五感（聴覚、視覚、触覚、味覚、嗅覚）による経験（体験）はアテにならないというのです。

デカルトは、人は生まれながらにして神や善悪といった観念を持ち合わせていると考え、**生得観念**(P112)の存在を認めます。これは、人は生まれつき**イデア**(P046)を知っているとする**プラトン**の考えに連なるものです。彼は、この**生得観念**をたよりに**演繹法**(P105)によって、正しい知識を身につけていくべきと考えました。

大陸合理論の考え方

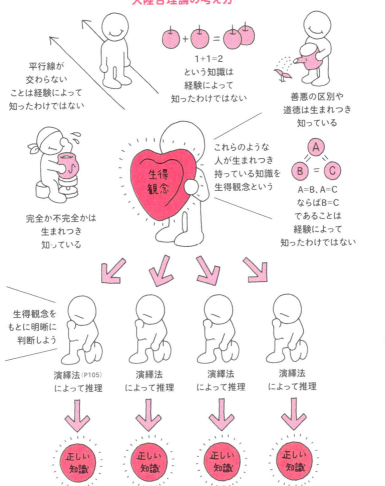

この考えは、主にヨーロッパ大陸で発展したので**大陸合理論**といいます。
大陸合理論は**生得観念はないとするイギリス経験論**と対立します。

我思う、ゆえに我あり

コギト・エルゴ・スム

出典 ──── デカルト『方法序説』
関連 ──── 神の存在証明(P110)
メモ ──── 近代の哲学は、この言葉から幕を開けた

仮にものすごい真理が解明されたとします。けれども「そんなこと言ったって、そもそもこの世の中はすべて夢かもしれない」と言われたら返す言葉がありません。そうならないためにも、**デカルト**はこれだけは絶対に確かといえる**原理**を探そうとします。

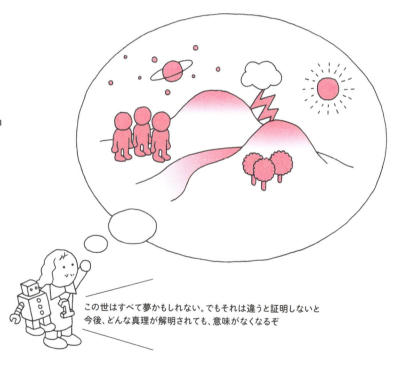

この世はすべて夢かもしれない。でもそれは違うと証明しないと今後、どんな真理が解明されても、意味がなくなるぞ

そこで**デカルト**は「この世は夢かもしれない」と意図的に疑ってみることにしました**（方法的懐疑）**。そうすると、目の前に見える風景も、本に書いてあることも、数学も、自分の肉体の存在さえも疑わしくなりました。けれどもたった１つだけ疑うことができないものが残りました。それは「夢かもしれない」と疑っている自分の**意識**の存在です。さらに「夢かもしれないと疑っている自分」を疑っても、最後まで自分の意識は残るのです。

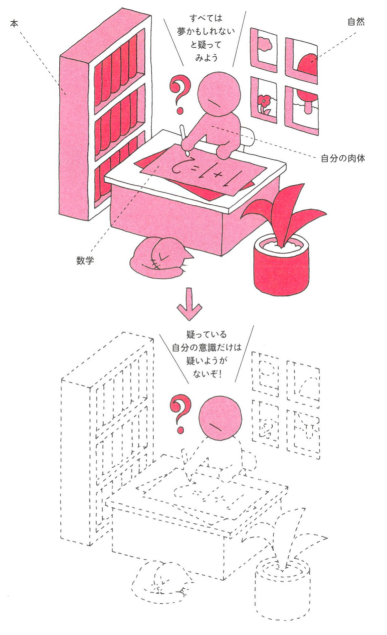

こうして**デカルト**は自分の意識の存在は疑いようがないことを発見しました。彼はこれを**「我思う、ゆえに我あり」（コギト・エルゴ・スム）**と表現します。「我」の存在の確定は数学における1＋1＝2のような**定理**に相当するので、**デカルト哲学**の**第一定理**とされました。

神の存在証明

文　献 ---------- デカルト『方法序説』『省察』
関　連 大陸合理論(P106)、「我思う、ゆえに我あり」(P108)、生得観念(P112)
メ　モ ---------- 中世神学でも神の存在証明は行われたが、認識の正しさを保証するためではなかった

デカルトは**方法的懐疑**(P108)によって、自分(の意識)は確かに存在することを証明しました。その自分をとりまく世界の存在はどうやって証明したのでしょうか？ そのために彼はまず**神の存在証明**をする必要があると考えました。

神の存在証明

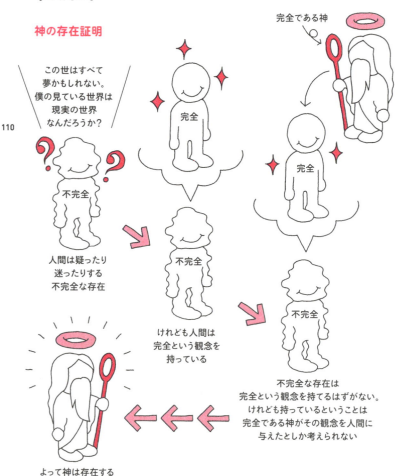

人間は不完全な存在です。不完全な存在は原理的に完全を知らないはずです。それなのに人間は**完全**という**観念**を持っています。その完全という観念は完全である神から与えられたとしか考えられないと**デカルト**は主張しました。(※観念＝自分が意識している事や物)

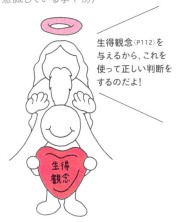

神が確かに存在するとしたら、神から与えられた人間の認識能力は正しいはずです。なぜなら神が人間を欺くはずがないからです**（神の誠実）**。**デカルト**は神から与えられた理性を正しく用いることができれば、真理を認識することができるようになるのだと結論づけました。

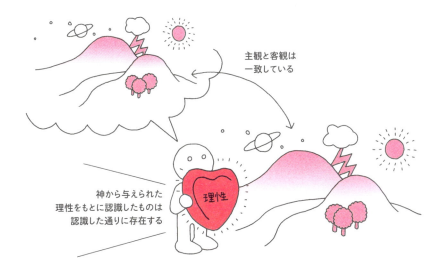

神を登場させた時点でデカルトの説は胡散臭いと思うかもしれない。
けれどもこの世の中が夢ではなく実在していること（主観と客観の一致）を
証明するのは大変難しく、原理的に不可能だといわれている。
後にこれを神抜きで証明しようとした哲学者は大勢いるが、うまくいっていない

生得観念

意　味	生まれながらに持っている観念
文　献	デカルト『方法序説』『省察』
関　連	大陸合理論(P106)、神の存在証明(P110)
対義語	習得観念

人間には基本的な**観念**が生まれつき備わっていると**デカルト**は考えました。たとえば善悪の区別、完全の概念、平行線は交わらないことなどは経験によって学んだことではないと彼は主張します。この人間特有の先天的な観念を**生得観念**といいます。（※観念＝自分が意識している事や物）

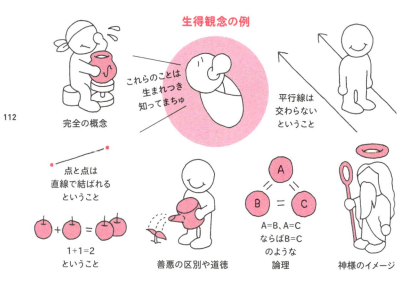

生得観念を認めると、人間なら誰でも同じ認識能力を持てることになります。しかし一方で、認識能力は人それぞれで違うようにも見えます。そのため、**生得観念**はあると考える**大陸合理論**(P107)は、ないと考える**イギリス経験論**(P101)と対立することになります。

主観｜客観

関　連 ──────────────── 二元論(P114)、延長(P115)
メ　モ ──────── 英語ではそれぞれ"subject"と"object"。
主体と客体の英語も同じであり、欧米語では主体と主観、
客体と客観のような使い分けはない

デカルトは人の意識の存在を発見しました（我思う、ゆえに我ありP109）。これ以降、デカルトは世界を認識するもの**(主体)** とされるもの**(客体)** に分けて考えます。前者の意識を**主観**、後者を**客観**と呼びます。デカルトは**自我**の意識が主体となる近代哲学をスタートさせました。

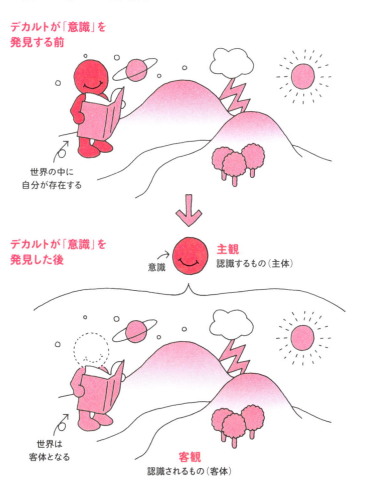

二元論

文　献 -- デカルト『情念論』
関　連 ------------------------------ 主観│客観(P113)、延長(P115)
メ　モ ------------------------- デカルトは、脳の松果体を、
　　　　　　　　　　　　　　身体と精神が相互作用する場所として考えた

デカルトは**精神**と**物体**は別々に存在していると考えました（我思う、ゆえに我ありP109）。そして、身体は物体と同じく機械的なものだと捉えました。これを**心身二元論**といいます。

心身二元論

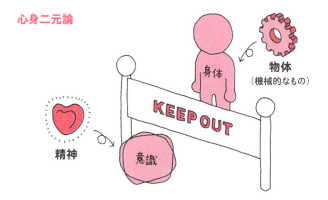

彼はこの解釈を広げ、世界を二分する**二元論**を生み出しました。

二元論

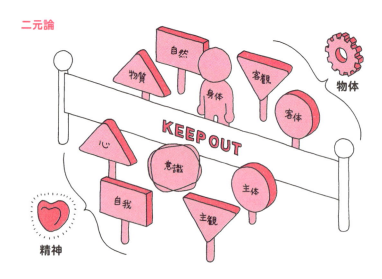

延長

文　献 ······················· デカルト『省察』
関　連 ······················· 二元論(P114)
メ　モ ····· デカルトの用語では、物体の属性が「延長」だとされるが、意味としては「本質的な性質」と考えればよい

延長とは物質が空間的に広がることをいいます。広がる物は、高さ・幅・奥行きを**物理的**に測ることができます。

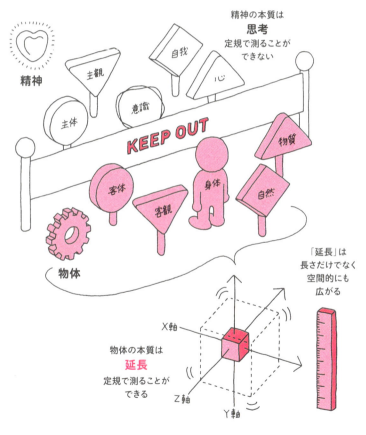

デカルトは、世界は**精神**と**物体**という2つの**実体**(P132)から成り立っていると考えました(二元論P114)。そして、**精神の本質は思考**、**物体**の本質を**延長**と規定しました。つまり彼にとって、感情や感覚、あるいは感覚が捉える色や匂いなどは、精神や物体の本質的な性質ではありませんでした。

汎神論(はんしんろん)

意　味 — 物体も精神も含め、世界のあらゆるものは神のもつ性質のあらわれだと考える哲学観
文　献 — スピノザ『エチカ』
関　連 — 永遠の相の下(P118)

デカルトは意識を発見した(我思う、ゆえに我ありP109)後、意識と身体(物体)は別々に存在していると考えました(心身二元論P114)。けれども**スピノザ**はこの考えに疑問を持ちます。

なぜなら意識と身体が別ならば、たとえば意識が悲しいと思ったときに身体から涙が出る理由が説明できないからです。

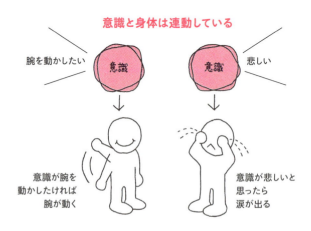

この問題を解決するために、**スピノザ**は私たちの意識も身体も自然もすべてひっくるめて1つの神と考えます。

スピノザによると私たちは自然の一部です。そして自然は神がつくったものではなく、神そのものなのです**(神即自然)**。つまり、その中に含まれる私たちの精神と身体も神の一部です。こう考えると精神と身体はつながっているので、悲しいときに涙が出ることに矛盾は生じません。

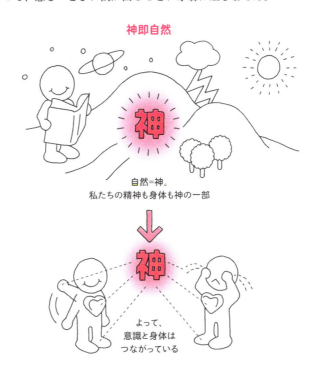

神と世界は同一であるというこのような考え方を汎神論といいます。

心と体は別という**デカルト**の二元論に対して、**スピノザ**はすべては1つの**神**という一元論を唱えました。この考えは、神を人格的存在と考えるキリスト教と相容れないため、キリスト教からバッシングを受けました。

永遠の相の下(そうのもと)

意　味 ー 神の視点から世界を見るということ
文　献 ー スピノザ『エチカ』
メ　モ ー 神を認識することで喜びを感じれば、神を愛するようになる。これを「神への知的愛」と呼ぶ

スピノザは人間には自由な意志はないと考えます。人間は神の一部(汎神論P117)なので、神の考えのもとに動いています。そして私たちはそのことに気づいていません。

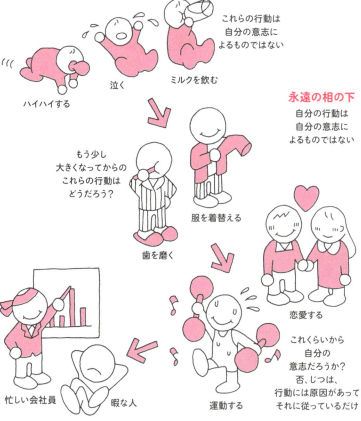

自分の行動が自分の意志によるものと思うことは、石ころが誰かに投げられているのに自力で飛んでいると思い込んでいるようなものだと**スピノザ**は考えます。

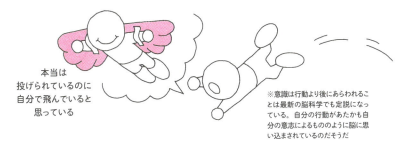

身に起きていることは自然現象の一部であり、永遠の中の１コマにすぎません。けれども、その１コマはあなたがいないと成り立たないのです。**スピノザ**はこれを永遠の相の下と表現しました。

それでは、あなたが何をするために神はあなたに自然の一部を確保しているのでしょうか？　**スピノザ**はそれを考えることが人の幸せであると主張します。

神はあなたに何かしらの役割を与えているはず。あなたはその役割を直感できる

モナド

語　源	ギリシア語のモナス(1つのもの)。日本語では「単子」と訳す場合もある
出　典	ライプニッツ『モナドロジー』
関　連	予定調和(P121)

世界を精神的な存在と考えるならば、それを分割していくことができます。**ライプニッツ**は、こうした精神的存在の原子に相当する概念を**モナド**と呼びます。そして世界はこの**モナド**が**調和**しあってできていると考えました。**モナド**は世界が**最善**になるようにあらかじめ**神**によってプログラミングされています。このような考えを**一元論**(P117)に対して**多元論**といいます。

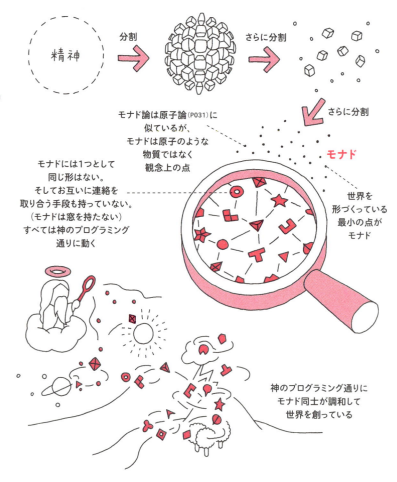

予定調和

メ　モ------ ライプニッツは「時計の比喩」で予定調和を説明した。
2つの時計の時刻を合わせる方法には、互いに連動させる、
瞬間ごとに合わせる、あらかじめ精密に作る、
という3つの方法があり、第3の方法を自身の立場とした

ライプニッツによると、**モナド**（P120）は世界が**最善**になるようにあらかじめ神によってプログラミングされています。そして**モナド**は予定通りお互いに**調和**しあい、最善の世界を創ります。これを神の**予定調和**といいます。**ライプニッツ**にとってこの世界は偶然できたものではないのです。

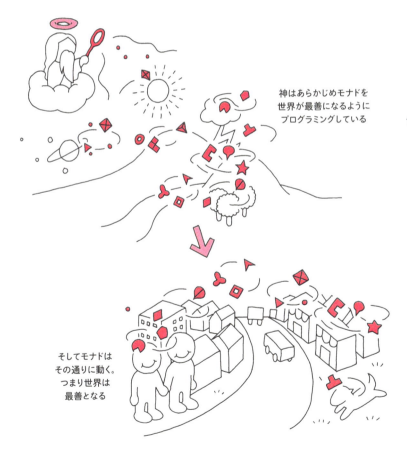

神はあらかじめモナドを
世界が最善になるように
プログラミングしている

そしてモナドは
その通りに動く。
つまり世界は
最善となる

このように**ライプニッツ**は世界を**楽観的**に捉えました。

充足理由律

意 味 ---------- どんな出来事にも十分な理由がなければならないという原理
文 献 ---------- ライプニッツ『モナドロジー』
関 連 ---------- 予定調和(P121)

今の世の中は、❶図のような感じです。

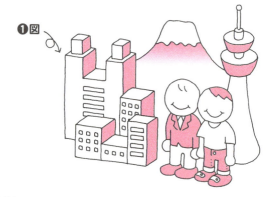

なぜ❷図のようにならなかったのでしょうか？

それは❶図の状態が最善だからだと**ライプニッツ**は考えます。

ライプニッツにとって世界はただ「ある」のではなく、神が最善の状態にしたからそう「なった」のです。すべての物事はただ「ある」のではなく、何かしらの理由によってそう「なった」と考えることを**充足理由律**といいます。

タブラ・ラサ

意　味	ラテン語で「何も書かれていない書板」の意
文　献	ロック『人間知性論』
対義語	生得観念
関　連	単純観念 | 複合観念(P124)

ロックは**イギリス経験論**(P101)の立場から**大陸合理論**(P107)の**生得観念**(P112)に疑問を持ちます。彼は、人が生まれつき**観念**を持っているとは思いませんでした。（※観念＝自分が意識している事や物）

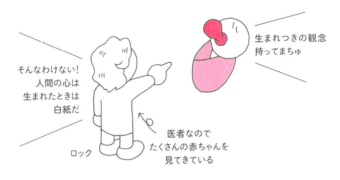

ロックは、生まれたときの人の心は何も書いてない**白紙（タブラ・ラサ）**だと考えました。そして、**経験**したことがこの紙に書き込まれて、知識や観念になると主張しました。

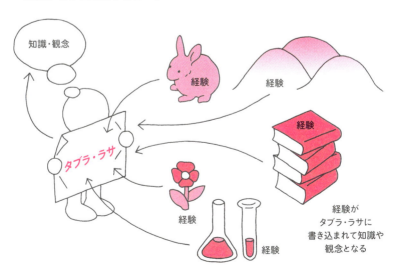

単純観念｜複合観念

文　献 ──────────── ロック『人間知性論』
メ　モ ──────── ロックは経験を「感覚」と「内省」に分けた。
人間は五感によって単純観念を獲得し、
それを「内省」することで「複合観念」を作るという

生得観念(P112)を否定した**ロック**は、人には生まれつきの知識はなく、すべては経験によるものだと考えました。彼によれば、「赤い」「硬い」「すっぱい」など、今までの自分の経験を組み合わせることで、対象をリンゴだと認識できるようになります。「赤い」「硬い」「すっぱい」など、五感から得る印象を**単純観念**、それらを組み合わせてできた「リンゴ」という知識を**複合観念**といいます。（※観念＝自分が意識している事や物）

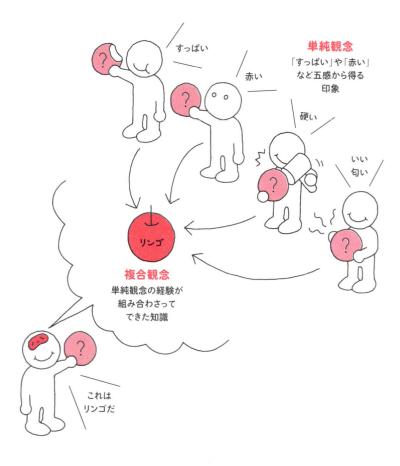

一次性質｜二次性質

意　味 ━━━━━━━━ 一次性質＝物体の客観的（量的）な性質
　　　　　　　　　　二次性質＝色や匂いなど、物体の主観的な性質
文　献 ━━━━━━━━━━━━━━━━ ロック『人間知性論』
メ　モ ━━━━━━ 一次性質はデカルトの「延長」と類似した概念

ロックはものの性質を2つに分けて考えます。リンゴの匂いや味などは人間の感覚器官がそう捉えているだけでリンゴそのものに備わっている性質ではありません。これを<u>二次性質</u>といいます。これに対して形や大きさなど五感に関係なく、リンゴそのものに備わっているのが<u>一次性質</u>です。

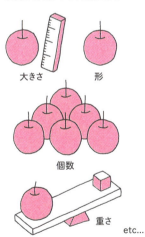

一次性質
人間の五感に関係なく
そのものに備わっている性質。
つまり
人間が存在しなくても成立する

大きさ　形
個数
重さ　etc...

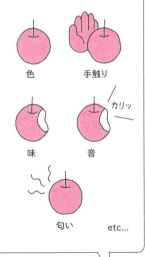

二次性質
人間の五感によって
捉えられる性質。
つまり
人間が存在しないと成立しない

色　手触り
カリッ
味　音
匂い　etc...

後にバークリ（P095）は一次性質も
人間の感覚器官によるものだと考える。
リンゴの存在を認識できるのは
背景との色（二次性質）の違いによるものだったり
手触り（二次性質）だったりするはず。
つまりバークリは人間が存在しないと
リンゴも存在できないと考える。
バークリによれば世界はすべて人間の頭の中にある

存在するとは知覚されていることである

出典 ---------- バークリ『人知原理論』
メモ ---------- バークリは、ロックのような一次性質を認めない。世界の存在根拠を「知覚」だけに求めた徹底的な経験論を展開した

私たちは普段、リンゴが存在するからそれをさわったり見たりできる（**知覚できる**）と考えています。けれども実際のところ、誰かが知覚する前にリンゴの存在を確認することはできません。リンゴの存在の前には必ず私たちの知覚があります。**バークリ**は物は存在するから見えるのではなく、見えるから存在できるのだと言います。

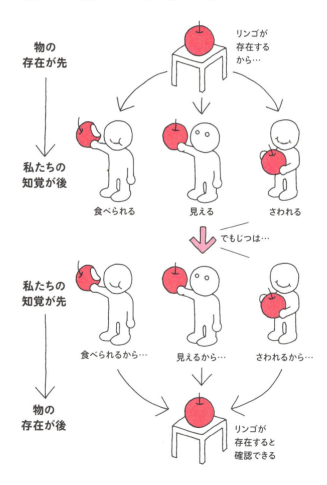

もしバークリの説が正しければ、知覚する側である私たちが存在しないと物も存在できないことになります。バークリはこの考えを**「存在するとは知覚されていることである」**と表現しました。彼にとって世界は物質として存在せず、私たちの意識の中だけにあるのです。

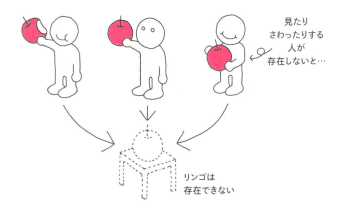

バークリによれば、誰かが知覚していればリンゴはその人の意識の中で存在できることになります。それでは誰も見ていなければ、リンゴは存在できないのでしょうか？聖職者である**バークリ**は、人間が見ていなくても、**神**が見ているから存在できると考えました。

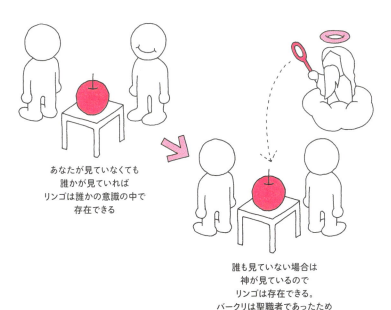

> # 知覚の束
>
> 文　献 ---------- ヒューム『人間本性論』
> 関　連 ---------- 因果関係(P130)
> メ　モ ---------- ヒュームは神の実在も否定。
> 心とは「印象」と「観念」だと考えた

ロックはリンゴの色や味や匂いなどは実在しないと考えました（二次性質P125）。さらに**バークリ**はリンゴの存在そのものを否定しました（存在するとは知覚されていることであるP127）。けれども2人ともリンゴを見ている**私**の存在は疑いませんでした。**ヒューム**はこの私すら疑います。

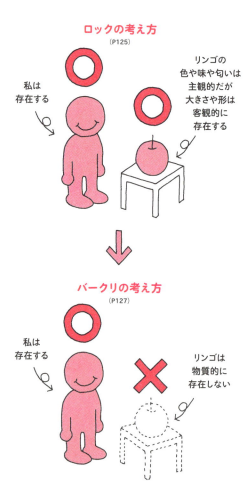

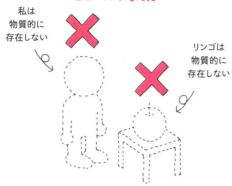

それでは**ヒューム**が考える**私**とはどんなものだったのでしょうか？ 人には今現在、五感（聴覚、視覚、触覚、味覚、嗅覚）による、「寒い」「心地よい」「うるさい」…といった何らかの感覚（知覚）があります。私とは今の瞬間、これらの感覚（知覚）が集まったものにすぎないと彼は言います。彼は「**人間とは知覚の束である**」と表現しました。

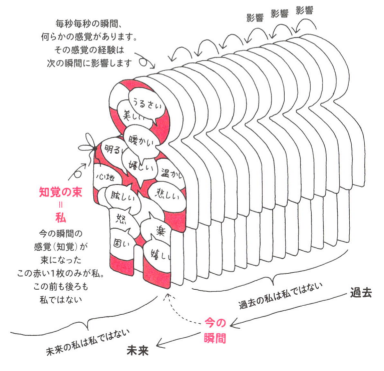

ヒュームにとって感覚（知覚）のみが確かに存在するもので、**私**という**実体**（P132）はありません。

因果関係

文　献 ……………………………… ヒューム『人間本性論』
関　連 ……………………………… 知覚の束(P128)
メ　モ ………… ヒュームの哲学によって「独断のまどろみ」から
　　　　　　　　目覚めたとカントは評価している

自然界には**因果関係（因果律）**があると信じられています。たとえば、鉄にさわると手に鉄の匂いがつくことから、私たちは「鉄は匂いを出す」という**因果関係**を見て取ります。けれども実際、鉄は匂いを持っていません。

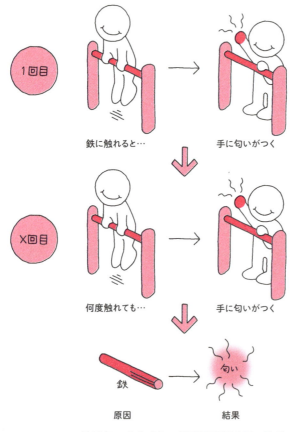

鉄は匂いを出すという因果関係を見て取る

ところが…

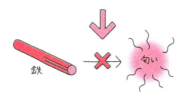

実際、鉄は無臭！
鉄と匂いの因果関係は習慣による思い込みだった！

「火は熱を出す」という**因果関係**もこれと同じかもしれません。**因果関係は経験（習慣）による思い込みであって、自然界には存在しない**とヒュームは考えます。彼は客観的な因果関係を否定することで、自然科学そのものに懐疑の目を向けました**（懐疑論）**。たとえ99回火に触れて熱かったとしても、100回目は熱くないかもしれないのです。

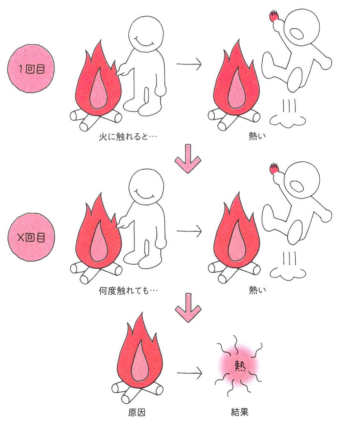

火は熱を出すという因果関係を見て取る
けれどもそれは鉄と匂いの因果関係と同じように
習慣による単なる思い込み？

実体

▶096

デカルトなど

意　味 ―― 他の影響を受けず、それ自体で存在するもの
メ　モ ―― 現代の哲学は、「実体」という考え方に対して批判的。
　　　　　事物はそれぞれ関係しあうなかで意味や価値を持つという
　　　　　「関係主義」が議論の主流となっている

実体とは何にも依存しないで、それだけで存在する**モノ**を言います。物の本当の姿、正体とも訳されます。「**実体**とは具体的に何か？」はあらゆる哲学者が問題にしています。

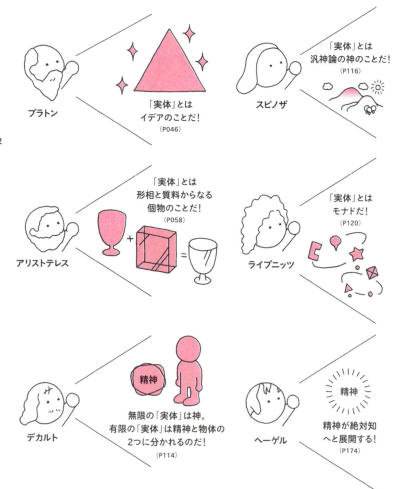

プラトン　「実体」とはイデアのことだ！（P046）

スピノザ　「実体」とは汎神論の神のことだ！（P116）

アリストテレス　「実体」とは形相と質料からなる個物のことだ！（P058）

ライプニッツ　「実体」とはモナドだ！（P120）

デカルト　無限の「実体」は神。有限の「実体」は精神と物体の2つに分かれるのだ！（P114）

ヘーゲル　精神が絶対知へと展開する！（P174）

認識論

意　味 ---- 認識の起源や本質、方法などを研究する哲学の一分野。
　　　　　　デカルト以降、近代哲学の一大潮流となった
メ　モ -------- 認識論自体は古代ギリシア哲学から存在するが、
　　　　　　デカルトによって、哲学的な探求の中心にすえられた

認識論は人は物事をどうやって知る（認識する）のか？　という疑問から始まりました。

そして**生得観念**（P112）はあるのかないのかという論争を経て…。

イギリス経験論（P101）のなかでも、客観的な実在を認める立場と認めない立場が対立していきますが、これらは結局、**「主観と客観の姿形は一致するのか？」**という問題に帰着するといえるでしょう。

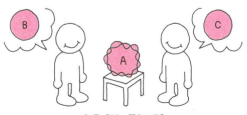

モラリスト

意　味　　16〜17世紀に、人間の心理や風俗を鋭く観察し、人間の生き方を探求した思想家たちをさす
具体例　　モンテーニュ、パスカル、ラ=ロシュフコー
メ　モ　　エッセー、格言など自由な表現形式を用いている

1492年、**コロンブス**が新大陸に上陸しました。当時のスペイン人の多くは、新大陸に住む人たちを野蛮人と決めつけました。

モンテーニュは当時のスペイン人が行った新大陸での略奪、文化の押しつけ、虐殺をとても悲しみました。

同じころヨーロッパではキリスト教徒同士が争う、宗教戦争が起きていました。彼はこのことにもひどく心を痛めます。

モンテーニュは考え方や文化の違う人間に対して、偏見、独断、おごりを捨て、謙虚に相手の考えや文化を学ぶ姿勢が大切だと主張します。このような考えを持つ人を**モラリスト**といいます。

モンテーニュは「〜すべきだ」という言い方はせずに自分の体験を**エッセー**風に語ることによって、これらのことを表現しました。

人間は考える葦である

出典 —— パスカル『パンセ』
関連 —— モラリスト(P134)
メモ —— ほかに「クレオパトラの鼻がもう少し低かったら、世界の歴史も変わっていたであろう」も『パンセ』の一節

近世以後、合理主義が普及し、あたかも人間の理性は万能であるかのような考えが広まりました。このことに**パスカル**は強い危機感を覚えます。宇宙の中で人間はちっぽけな葦のように無力です。そのことを十分理解することが重要です。

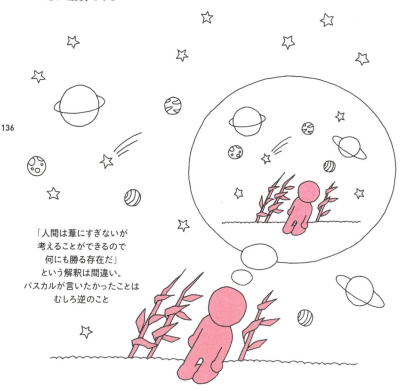

「人間は葦にすぎないが考えることができるので何にも勝る存在だ」という解釈は間違い。パスカルが言いたかったことはむしろ逆のこと

人間は自分の知識や理性には限界があることを自覚することができます。そういう意味で人間は尊いと**パスカル**は考えました。彼は**「人間は考える葦である」**という言葉を残します。**パスカル**もまた**モンテーニュ**(P099)と同じく、西洋の知性の暴走を予言した**モラリスト**(P135)の１人でした。

繊細の精神

意　味	複雑な事象の全体を直感的に認識する柔軟な精神
出　典	パスカル『パンセ』
対義語	幾何学の精神
関　連	モラリスト(P134)

数学者でもあった**デカルト**は、数学をひな形にして哲学や道徳を捉えようとしました。彼は**演繹法**(P105)を武器に「公理」「定義」「証明」などの用語を駆使し、物事を順序立てて考えていきます。

デカルトの幾何学の精神

泥棒は悪い人だ　　　A君は泥棒をした　　　よってA君は悪い人だ

デカルトはこのような考えで、どんなことでも、たとえば神の存在をも証明できると考えていました。**パスカル**もまた数学者でしたが、彼は物事の判断は数学のように**論理**だけではできないと主張します。

パスカルの繊細の精神

物事や人の心はたくさんの矛盾をはらんでいるはずです。それらの矛盾を含めたまま、一度に**直感**で判断することも**理性**の1つだと**パスカル**は考えました。これを**幾何学の精神**に対して**繊細の精神**といいます。

リヴァイアサン

【社会契約論①】 ホッブズの場合

文献 ---------- ホッブズ『リヴァイアサン』
メモ ---『リヴァイアサン』が書かれたのは清教徒革命後の1651年。
そのため、同書は絶対主義王政ではなく、
革命後の共和制社会をモデルにしているとも考えられる

近世では、国王の権限は神に与えられたもの**（王権神授説）** であり、その下で国家が形成されていると考えられていました。

王の権限は
神から
与えられた
ものなり

これに対し、**ホッブズ**は国家のしくみをもっと論理的に捉えようとします。彼はまず、**公的権力がない状態（自然状態）** だと国はどうなるかを考えました。そして**自然状態**では、人々は互いに自由を奪い合う「**万人の万人に対する戦い**」が起こると主張しました。

自然状態では
「万人のための万人に対する戦い」
になる

これでは個人の自由が保てません。そこで、お互いにケンカをしないように契約を結ぶ必要があります。

ケンカをしないという契約を守らない人を処罰するためには、絶対的な力を持つ公的機関が必要になります。そこで国王が必要になってくるわけです。このような公的権力を**ホッブズ**は旧約聖書のヨブ記に出てくる**リヴァイアサン**という恐ろしい海獣にたとえます。国王は**リヴァイアサン**のような強い力を持たなければ国は機能しないと彼は考えました。

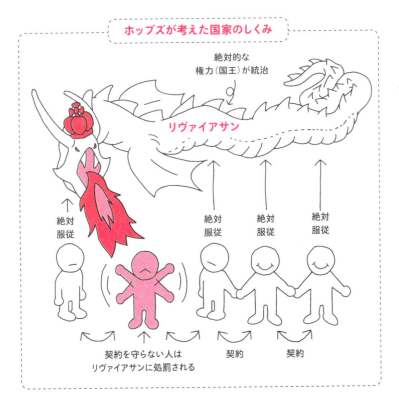

ホッブズは王権神授説に頼ることなく、国家のしくみを説明しましたが、かえって絶対王政を論理的に擁護するものとなってしまいました。

ロック

抵抗権

【社会契約論②】ロックの場合

意　味 -------- 不当な権力行使に対して、人民が抵抗する権利
文　献 ------------------------ ロック『統治二論』
メ　モ ----- 抵抗権には新しい政府を樹立する「革命権」も含まれ、
　　　　　米独立戦争やフランス革命の理論的支柱となった

ロックは**ホッブズ**の考え（リヴァイアサンP139）とは違い、犯罪者を処罰したり、国民を保護する権限は公権力に**信託**しますが、あくまで**主権は国民**にあるべきだと考えました**（国民主権）**。また、国家が人民の権利を踏みにじる場合には、人民が**革命**を起こして新たな国家を樹立する**抵抗権**があるといいます。

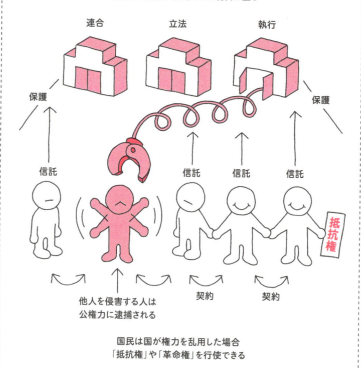

ロックが考えた理想的な国家

公権力が独裁に至らないように「連合（外交）」「立法」「執行」の3つに分立させる。後にモンテスキュー（P098）によって「行政」「立法」「司法」となり現代に至る

連合　立法　執行

保護　　　　　保護

信託　　信託　信託　信託

抵抗権

他人を侵害する人は公権力に逮捕される　契約　契約

国民は国が権力を乱用した場合「抵抗権」や「革命権」を行使できる

一般意志

【社会契約論③】 ルソーの場合

文　献 ──────────── ルソー『社会契約論』
メ　モ ──── ルソーは、個人の私的な利益を求める「特殊意志」や
　　　　　　特殊意志の総和である「全体意志」とは異なり、
　　　　　　公共の利益を求める人民の意志を「一般意志」と規定している

ルソーは**ホッブズ**の考え（リヴァイアサンP139）とは反対に**自然状態**（P138）こそが人間にとって一番理想的なものと考えました。彼はこれを**「自然に帰れ」**と表現します。公権力は必要なく、本来みんなが共通に持っている助け合いの心**（一般意志）**を確認し合って、国家が**直接民主制**をかたちづくることを理想とします。

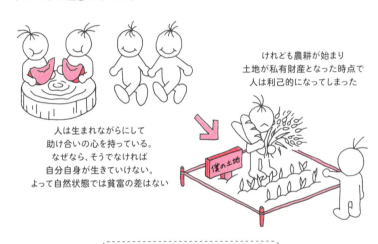

人は生まれながらにして
助け合いの心を持っている。
なぜなら、そうでなければ
自分自身が生きていけない。
よって自然状態では貧富の差はない

けれども農耕が始まり
土地が私有財産となった時点で
人は利己的になってしまった

ルソーが考えた理想的な国家

みんなで
よく話し合って、
共通の利益と
なるような
「一般意志」を
確認し合う

一般意志

国王なんて
必要ない！
直接民主制が
一番！

この考え方は
フランス革命へ…

17世紀後半から18世紀前半のヨーロッパはキリスト教権力が依然として色濃く残り、王政もまた絶対的なものでした。

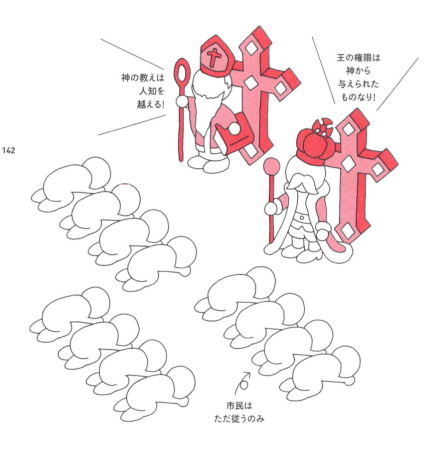

そこで**ロック**、**ルソー**(P098)、**モンテスキュー**(P098)といった面々が立ち上がります。

彼らは国家や社会のあり方をもっと論理的に捉え、合理的なものにしようと主張します。

啓蒙主義者たち

そしてみずからかかげた**社会契約論**(P138～P141)の普及につとめ、市民革命を推し進めます。これを**啓蒙主義（思想）**といいます。

啓蒙主義は、合理的な考え方を絶対視した点で、反省すべき問題を多くかかえています。けれどもイギリスの名誉革命やフランス革命を引き起こし、市民を絶対王政から解放したことは事実なのです。

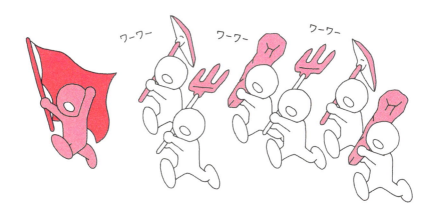

近代

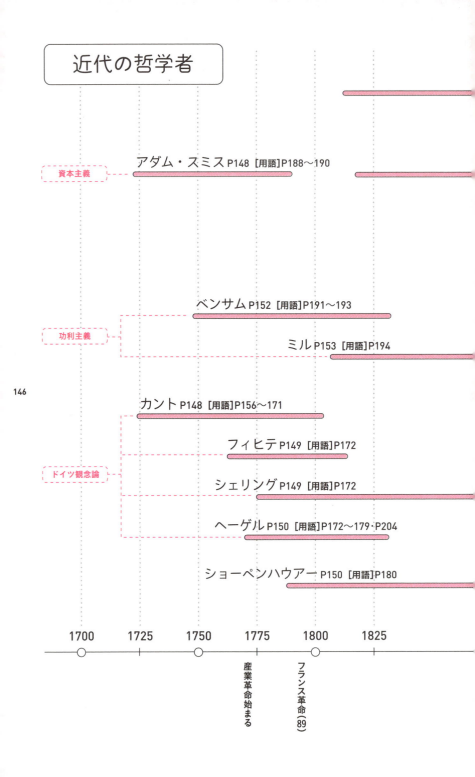

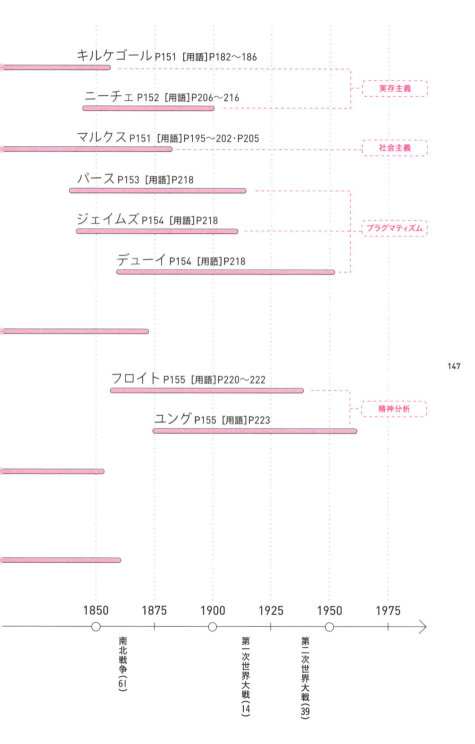

『道徳感情論』『諸国民の富』

各人の利己心に基づく行動が、(神の)見えざる手に導かれて社会全体の利益を増進させる自由放任主義を主張

レッセ・フェール！

「自由放任主義」の意。だがスミスは、利己心の追求は他者の共感が得られる範囲と限定している

1723〜1790

アダム・スミス

ADAM SMITH　　▶P188〜190

スコットランド生まれの経済学者、道徳哲学者。グラスゴー大学、オックスフォード大学で学び、28歳でグラスゴー大学の教授に就任。在任中に『道徳感情論』を発表し、評判を博した。教授職を辞任した後は、貴族の家庭教師としてヨーロッパ大陸を旅行。帰国後に、経済学を体系化した『諸国民の富』を執筆し、自由主義経済と自由貿易論を説いた。

『純粋理性批判』『実践理性批判』『判断力批判』

午後3時半に散歩をするカントの姿を見て、人々は時計を合わせた。そのくらい、規則正しい生活を送っていたのだ

永遠平和は、我々に課せられた使命である。

『永遠平和のために』の一節。この本には、国際連合や憲法第9条を予言するかのような平和へのプログラムが綴られている

1724〜1804

イマヌエル・カント

IMMANUEL KANT　　▶P156〜171

ドイツの哲学者。プロイセンのケーニヒスベルク(現ロシアのカリーニングラード)生まれ。父は馬具職人。大学卒業後、9年間は家庭教師で生計を立て、その後はケーニヒスベルク大学で教授、学部長、総長を歴任。起床から就寝まで規則正しい生活を送ったことで有名。大陸合理論とイギリス経験論を総合した哲学を打ち立てた。

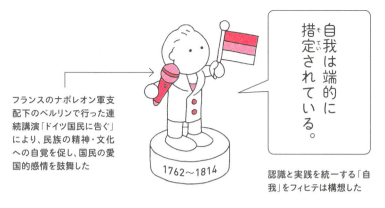

フランスのナポレオン軍支配下のベルリンで行った連続講演「ドイツ国民に告ぐ」により、民族の精神・文化への自覚を促し、国民の愛国的感情を鼓舞した

自我は端的に措定(そてい)されている。

認識と実践を統一する「自我」をフィヒテは構想した

主著 『全知識学の基礎』『ドイツ国民に告ぐ』

ゴットリープ・フィヒテ

JOHANN GOTTLIEB FICHTE　▶P172

ドイツ観念論の哲学者。ドレスデン郊外の寒村に生まれ、貧困の中、勉学に励む。青年時代にカント哲学を学び、強い影響を受ける。イェーナ大学教授、ベルリン大学教授を経て、同大学初代総長に就任。哲学的にはカントを継承しながらも、実践理性優位の思想を完成させた。52歳で死去。ベルリン大学の後任としてヘーゲルが呼ばれた。フィヒテの墓の隣には、ヘーゲルの墓がある。

自然に触れるとき、人間は絶対的なものを直感しているとシェリングは言う

同一哲学。

自我(人間)も自然も、絶対者である神の一部であるという「同一哲学」を展開した

主著 『人間的自由の本質』『学問論』

フリードリヒ・シェリング

FRIEDRICH WILHELM JOSEPH VON SCHELLING　▶P172

ドイツ観念論の哲学者。早熟の天才で、15歳でチュービンゲンの神学校に特例入学(規定は20歳以上)。同校で、5歳年上のヘルダーリンやヘーゲルと親交を結んだ。フィヒテがイェーナ大学を辞めた後、同大学の哲学の正教授に就任。ロマン派の芸術家とも交際し、自然と精神の統一を芸術に見いだした。ヘーゲルの没後はベルリン大学で哲学を講じた。

『精神現象学』『法の哲学』『論理学』

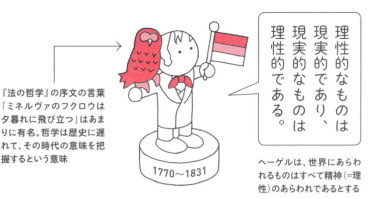

『法の哲学』の序文の言葉「ミネルヴァのフクロウは夕暮れに飛び立つ」はあまりに有名。哲学は歴史に遅れて、その時代の意味を把握するという意味

理性的なものは現実的であり、現実的なものは理性的である。

ヘーゲルは、世界にあらわれるものはすべて精神（＝理性）のあらわれであるとする

ゲオルク・ヘーゲル

GEORG WILHELM FRIEDRICH HEGEL　▶P172〜179・P204

近代哲学の完成者。ドイツのシュトゥットガルトに生まれる。イェーナ大学の人気講師となるも、ナポレオンによるプロイセン征服のため、大学は閉鎖。その後、新聞編集者、ギムナジウム校長を経て、ハイデルベルク大学正教授、ベルリン大学哲学教授に就任。同大学の総長もつとめ、当時の思想界に絶大な影響を与えた。61歳、コレラで急死。

『意志と表象としての世界』

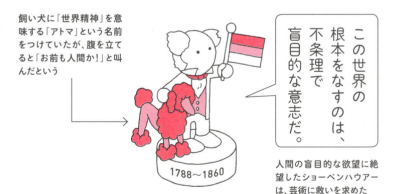

飼い犬に「世界精神」を意味する「アトマ」という名前をつけていたが、腹を立てると「お前も人間か！」と叫んだという

この世界の根本をなすのは、不条理で盲目的な意志だ。

人間の盲目的な欲望に絶望したショーペンハウアーは、芸術に救いを求めた

アルトゥール・ショーペンハウアー

ARTHUR SCHOPENHAUER　▶P180

ドイツの哲学者。ダンツィヒに生まれ、ゲッティンゲン大学医学部に進むが、哲学部へ転部。ベルリン大学講師となるも、ヘーゲルの名声の影響で聴講者がなく、半年で辞職。その後は在野の哲学者として過ごした。主著『意志と表象としての世界』で展開される厭世思想やペシミズムは、ニーチェに大きな影響を及ぼしている。

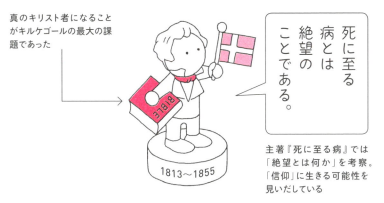

セーレン・キルケゴール

SÖREN AABYE KIERKEGAARD　▶P182〜186

デンマークの哲学者。コペンハーゲン生まれ。実存哲学の祖とされる。神学を学ぶも22歳のときに実存に覚醒した。父が結婚前の母に対して暴力的な性関係を結んで、自分が生まれたのではないかと苦悩。27歳のときに17歳の少女レギーネと婚約するも、自分から婚約を破棄。こうした大きな苦悩を糧に、キルケゴールの思想は形成されていった。

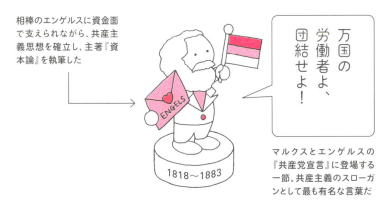

カール・マルクス

KARL HEINRICH MARX　▶P195〜202・P205

ドイツの哲学者、経済学者。ドイツのトリール生まれ。ボン大学、ベルリン大学で法律、哲学、歴史を学び、ヘーゲル左派の知識人グループにも加入。「ライン新聞」の主筆となったが、政府批判によって失職しパリに移住。以後、ベルギー、パリ、ドイツと移り、さらに1849年にイギリスに亡命。大英博物館にこもって、経済学の研究に没頭した。

『ツァラトゥストラ』『道徳の系譜』『善悪の彼岸』

ニーチェはワーグナーの音楽を愛し、実際に親しい交友関係も結んだが、後に絶交してしまう

神は死んだ。

近代的な自由精神や科学的思考によって、人々は神を信じられなくなった

1844～1900

フリードリヒ・ニーチェ

FRIEDRICH WILHELM NIETZSCHE　　▶P206～216

ドイツの哲学者。プロイセンのザクセン州生まれ。ショーペンハウアーの『意志と表象としての世界』を読み、衝撃を受ける。20代半ばにしてバーゼル大学の教授になるほど成績抜群だったが、処女作『悲劇の誕生』が学会から総スカンを食らってしまった。体調も悪化し大学も辞職。生涯独身のまま著述に専念。最後は発狂して55歳で死去。

『道徳および立法の諸原理序説』

監獄の収容状態の改善と効率的運営を目的としてパノプティコン（一望監視システム）を考案した

最大多数の最大幸福。

ベンサムは、社会全体の快楽の増大と苦痛の減少を立法の原理とした

1748～1832

ジェレミー・ベンサム

JEREMY BENTHAM　　▶P191～193

イギリスの哲学者、法学者。功利主義の創始者。ロンドンの富裕な法律家の家に生まれた。12歳でオックスフォード大学に入学し、21歳で弁護士資格を取得したが、弁護士の実務には関心がなく、法理論の学問的研究に没頭した。その後、選挙権拡大のために選挙法改正に取り組むなど、自由主義によって政治改革をめざす活動にも力を注いだ。

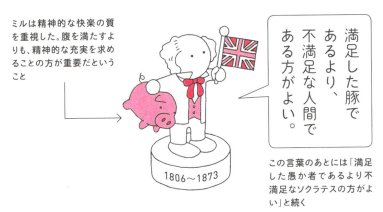

ジョン・スチュアート・ミル

JOHN STUART MILL ▶P194

イギリスの哲学者、経済学者。ベンサムと親交のあった父から英才教育を受けた。16歳で功利主義協会を設立し、17歳で父が勤務する東インド会社に入る。熱烈なベンサム主義者であったが、20代でベンサム的功利主義に批判的になり、独自の功利主義を構想。政治家としても、イギリス下院で初めて婦人参政権を訴えるなど民主的改革に努力した。

チャールズ・サンダース・パース

CHARLES SANDERS PEIRCE ▶P218

プラグマティズムを創始したアメリカの哲学者。マサチューセッツ州ケンブリッジ生まれで、父は大学教授。ハーバード大学で数学、物理学を学ぶ。卒業後、ハーバード大学天文台、合衆国沿岸測量所の技師として活躍しながら、「形而上学クラブ」を創設し、数学や哲学に関する論文を発表した。離婚をめぐるスキャンダルが原因で大学への就職に失敗。貧困状態で中年以後の人生を過ごした。

ウィリアム・ジェイムズ

WILLIAM JAMES　▶P218

プラグマティズムを発展させたアメリカの哲学者、心理学者。ハーバード大学で医学を学び、医学博士号を取得。その後、アメリカで初めて心理学の実験所を設立し、心理学や哲学も担当するようになった。「形而上クラブ」でパースとともに活動し、パースの思想を継承してプラグマティズムを確立した。日本の哲学者、西田幾多郎にも大きな影響を与えている。

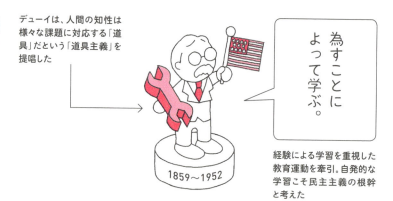

ジョン・デューイ

JOHN DEWEY　▶P218

プラグマティズムを発展させたアメリカの哲学者、教育学者。バーモント州生まれ。バーモント大学卒業後、高校教師、小学校教師を経て、ジョンズ・ホプキンス大学大学院に再入学し学位を取得。後にシカゴ大学、コロンビア大学の哲学教授を歴任。「実験学校」の設立や問題解決学習の実践など、教育思想でも絶大な影響力を持つ。

ジグムント・フロイト

SIGMUND FREUD　　▶P220〜222

オーストリアの精神医学者。オーストリア帝国モラヴィアのフライベルク（現チェコ）生まれ。ウィーン大学医学部を卒業後、フランスに留学。神経症学の大家シャルコーの催眠術に傾倒したことがきっかけとなり、無意識の存在に注目、精神分析学を創始した。ユングを後継者と位置づけたが、後に決別。晩年はナチスの迫害を逃れ、ロンドンに亡命した。

カール・グスタフ・ユング

CARL GUSTAV JUNG　　▶P223

スイスの心理学者、精神医学者。父は牧師であり、弱い父と矛盾した母の間で育った。バーゼル大学で医学を修め、1943年にバーゼル大学教授に就任。フロイトの協力者として精神分析学の発展につとめたが、精神分析に対する考えの違いから袂を分かつ。心理学的タイプとして「外向型」「内向型」という分類をしたことでも有名。

ア・プリオリ

意　味	経験に先立っていること
対義語	ア・ポステリオリ（経験によって得られること）
関　連	カテゴリー(P160)
メ　モ	日本語では「先天的」「先験的」などと訳す

カントは**イギリス経験論**(P101)と同じように知識は経験によるものだと考えました。それではなぜ、まったく同じ経験をしているわけではないのに、私たちはお互いの話を理解することができるのでしょうか？

その答えは、人間には共通の**経験の仕方**と**理解の仕方**があらかじめプログラミングされているからだと**カント**は言います。経験に先立って成立していることを**ア・プリオリ**といいます。

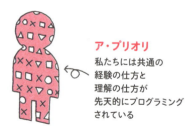

そして、このア・プリオリな人類共通の経験の仕方を**感性の形式**、理解の仕方を**悟性のカテゴリー**といいます。**カント**は感性の形式の特徴として、「人は物事を必ず**空間的、時間的**に捉える」と言います。また、**悟性のカテゴリー**の例として、原因と結果をあげます。人は何かが起こったら、必ずその原因をさぐると彼は考えました。

❶**感性の形式**
人は物事を必ず「空間的」「時間的」に捉える

カントによれば、物事は時間と空間の中にあるけれど時間と空間は現実にはなく、人の頭の中だけにある

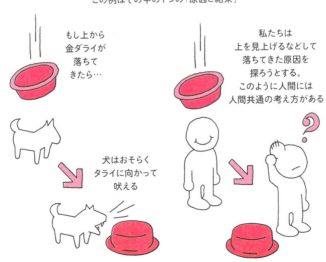

❷**悟性のカテゴリー**
カントは人間に共通の考え方は12カテゴリーあると考えた。
この例はその中の1つの「原因と結果」

もし上から金ダライが落ちてきたら…

犬はおそらくタライに向かって吠える

私たちは上を見上げるなどして落ちてきた原因を探ろうとする。このように人間には人間共通の考え方がある

物自体

文　献 ──────────── カント『純粋理性批判』
関　連　カテゴリー(P160)、コペルニクス的転回(P162)、現象界|英知界(P166)
対義語 ──────────────────── 現象
メ　モ ─────── 物自体は、想定することはできても認識はできない

赤いレンズのサングラスをかけると物（世界）は赤く染まります。もし私たちの目が生まれつきこのような構造になっていたら、私たちは本当の物（世界）を見ることができません。それでは実際、私たちは本当の物（世界）を見ているのでしょうか？　決してそんなことはありません。私たちの目の構造がリンゴは赤く、レモンは黄色く捉えるだけで、実際のレモンやリンゴは何色をしているかわからないのです。

人間は本当の世界を見ることはできない

赤いレンズのサングラスをかけると世界は赤く染まる。
この赤い世界は本当の世界ではない。
私たちは外すことができないサングラスをかけて
生まれてきているようなもの。
だから本当の世界を見ることはできない

もちろん色だけではありません、形だって同じです。お酒に酔うと物（世界）は歪んで見えます。もし酔った状態が人間の正常な認識能力だとしたら、私たちは歪んでいない物（世界）を見ることはできません。この場合、さわった感触も歪んだ見た目のまま認識、記憶されます。

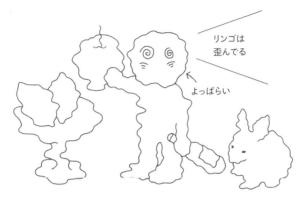

もし、お酒に酔っていない状態が異常、
酔っている状態が人間の正常な認識力だとしたら…

私たちは私たちの感覚器の構造が捉えた情報をたよりに、意識によって物（世界）を作り上げているだけなのです。だから物（世界）が本当はどのような姿形なのかを知ることはできません。人は**物自体**に行き着くことはできないと**カント**は言います。

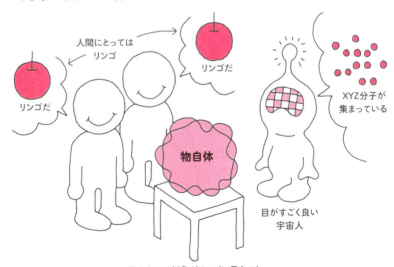

私たちには対象がリンゴに見えても、
宇宙人にはどう見えているか、どう解釈しているかはわからない。
また、時間や空間の概念は、私たちの感性の形式に備わっているだけなので、
物自体とは関係がない

カテゴリー

意　味 -- 枠組み、範疇
文　献 -- カント『純粋理性批判』
関　連 -- ア・プリオリ(P156)
メ　モ -------- カントは悟性について12のカテゴリーをあげている

人が対象をコップだと認識するまでの一連のシステムを見てみましょう。まず、五官によって知覚された対象を**感性の形式**(P157)が**空間的、時間的**に捉えます。次に**悟性のカテゴリー**(P157)が対象を認識します。

コップと認識するまでのシステム

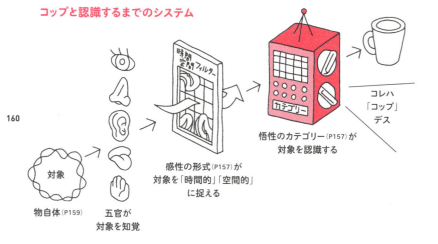

人には12通りの**カテゴリー**が備わっていると**カント**は主張します。その1つが**原因と結果**という考え方です。

カントはこの一連のシステムのことを**理性**(理論理性P167)と呼びます。そしてこのシステムは**先天的**(ア・プリオリP156)に備わっていると彼は言います。

現　象

文　献 　　カント『純粋理性批判』
対義語 　　物自体
メ　モ　認識の範囲を現象だけにとどめようとするカントの議論は、イギリス経験論を踏まえている

人が対象を空間的、時間的に捉え、**カテゴリー**（P160）が分析した後の対象の姿を**カント**は**現象**と呼びます。言い換えると、**物自体**（P159）が人間によって認識されてリンゴになった状態が**現象**です。

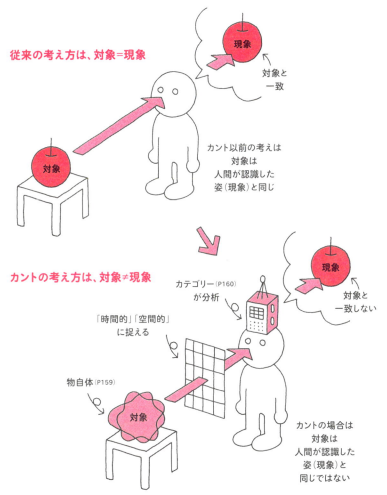

コペルニクス的転回

文献 ·· カント『純粋理性批判』
関連 ·· ア・プリオリ(P156)、カテゴリー(P160)
メモ ·· 転じて、従来の考え方が180度変わることも意味するようになった

コップがあるから人がそれをコップだと認識するわけではありません。じつは、人の感性や理解のしくみが対象を秩序づけ、コップの認識を構成しているのです(カテゴリー P160)。

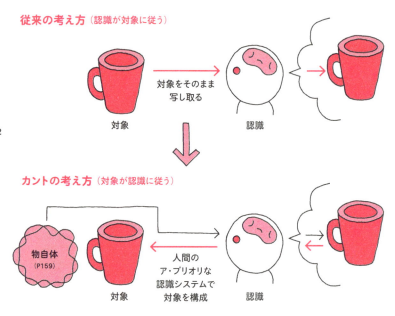

カントはこの考えを**「認識が対象に従うのではなく、対象が認識に従う」**と表現します。そして、この発想をコペルニクスの地動説になぞらえて**コペルニクス的転回**といいます。

コペルニクス的転回

カントは認識と対象の関係を天地の動きが逆転したコペルニクスの地動説になぞらえて「コペルニクス的転回」と呼んだ

理性の二律背反（アンチノミー）

文献 ------ カント『純粋理性批判』
メモ ------ カントの二律背反の議論は、伝統的な形而上学の批判を目的としていた。すなわち、世界の始まりや神の存在は認識できないことを明らかにしたのだ

通常、「○○は正しいけど間違っている」ということはありません。ところが**カント**は、世界は有限か無限かといった経験を超えた問題は、是と非のどちらの立場も、それぞれ理性的な証明ができると言います。理性的に考えたにもかかわらず、まったく正反対の主張が証明されるのは、経験を超えた問題に対しては理性が混乱に陥るからです。こうした理性の混乱を導く**カント**の議論を**理性の二律背反（アンチノミー）**といいます。

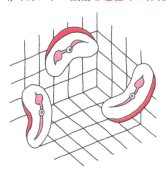

理性の二律背反

【主張1】この世は有限である
【主張2】この世は無限である

カントは、この2つの主張がどちらも
証明できることを示した。
正反対の主張が同時に証明されてしまうのだから
世界は有限か無限かという問題は
理性では決着できないことになる

カントは他にも3つの**二律背反**を示しました。

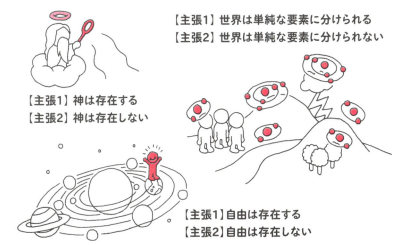

【主張1】世界は単純な要素に分けられる
【主張2】世界は単純な要素に分けられない

【主張1】神は存在する
【主張2】神は存在しない

【主張1】自由は存在する
【主張2】自由は存在しない

道徳法則

文　献 ---------- カント『実践理性批判』
関　連 ---------- 定言命法(P165)
メ　モ ---- 行為の結果よりも動機を重視するカントの道徳的立場は
　　　　　　「動機説」と呼ばれる（対義語は「結果説」）

自然界に**自然法則**があるように、人間界には従わなくてはならない**道徳法則**があると**カント**は考えました。なぜなら道徳的な行いを善しとする**理性**は人間だけに先天的に備わっているからです。**道徳法則**は**良心の声**で「**汝、〜すべし**」と私たちの理性に訴えてきます。

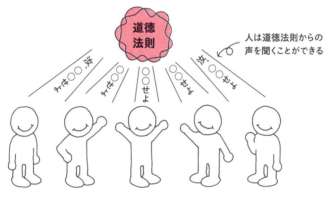

道徳法則はみんなが納得できるような行いのことで、自分のためだけになることではありません。**カント**にとって道徳とは普遍的なものなのです。

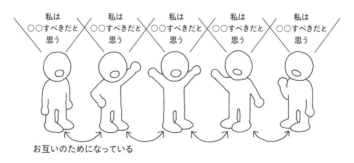

さらに彼は、道徳は手段ではなく**目的**そのものであるべきだと言います。たとえば、人に親切にされるために自分も人に親切にすることは道徳ではありません。なぜなら、これでは道徳が何かの目的を達成するための手段になっているからです。

定言命法

意　味 ------------- 「つねに〜すべし」と無条件に命じる命令
文　献 --------------------------- カント『実践理性批判』
対義語 -- 仮言命法
関　連 --------------------------------- 道徳法則(P164)

道徳法則(P164)は目的を達成するための手段ではなく、**目的**そのものでなくてはならないと**カント**は考えました。

道徳は
『○○したければ、○○せよ』
ではなく
『○○せよ』と定言命法で表現できるはず

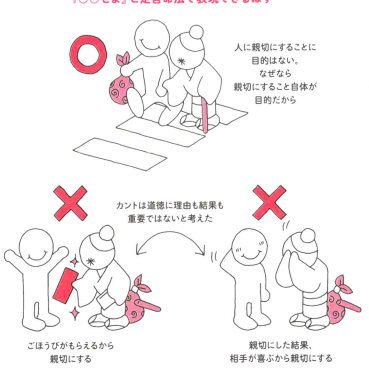

人に親切にすることに目的はない。なぜなら親切にすること自体が目的だから

カントは道徳に理由も結果も重要ではないと考えた

ごほうびがもらえるから親切にする

親切にした結果、相手が喜ぶから親切にする

つまり道徳は「〜したければ、〜せよ」ではなく「〜せよ」と断言できるものであるはずです。道徳的な行為をすることに、理由はないというわけです。この「〜せよ」という無条件の命令を**定言命法**といいます。

現象界｜英知界

※カントの場合

文　献 ──── カント『実践理性批判』
関　連 ──── 物自体(P158)、道徳法則(P164)
メ　モ ──── 人間の理論理性が知りうるのは「現象界」であり、「英知界」は理論理性では知りえない

カントは私たちが見たり聞いたりできる世界を**現象界**、これに対して**物自体**(P159)の世界を**英知界**と呼びました。私たちの認識能力では**英知界**を見ることはできません。

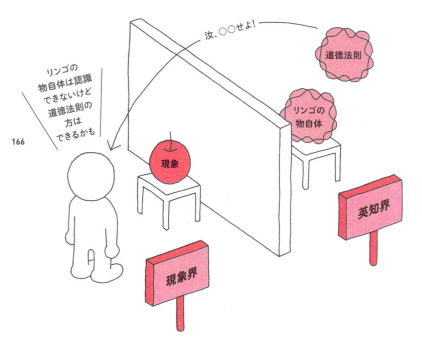

けれども**カント**は、**英知界**には**物自体**のほかに**道徳法則**(P164)が存在していると考えます。こちらの方は**良心の声**(P164)が私たちに「汝、〜すべし」と、訴えてくるので認識可能だと言います。この声は理性によって聞くことができます。

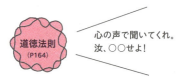

理論理性｜実践理性

関連 -------------------------------- 現象界｜英知界(P166)

メモ -------------- 理論理性では道徳や自由といった理念を認識することはできないが、実践理性は道徳や自由を扱うことができる。2つの理性の違いは現象界、英知界と重なる

カントは人間の理性を**理論理性**と**実践理性**の2つに分けます。**カテゴリー**(P160)などによって物事を認識する能力を**理論理性**、人間が道徳的な行いを実践しようとする理性を**実践理性**といいます。どちらも人間に先天的に備わっていると彼は考えました。

理論理性 対象を認識する能力

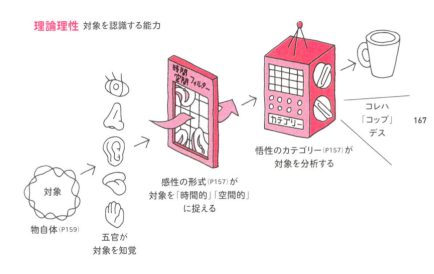

実践理性 道徳的な行いをしようとする理性

格率

意　味	行為の規則
文　献	カント『人倫の形而上学の基礎づけ』
関　連	道徳法則(P164)、定言命法(P165)
メ　モ	カントは「個人的・主観的な規則」の意で使っている

自分で自分に定めた行動の法則を**カント**は**格率**と呼びます。**格率**は信念と言い換えることができます。

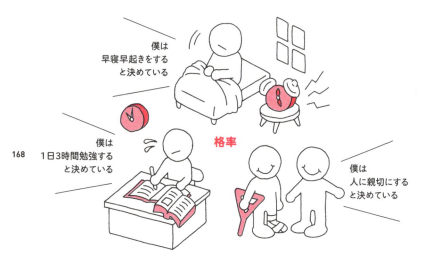

格率は自分が自分のために良いと思って決めたことであり、**道徳法則**(P164)とは分けて考えられます。けれども、もし**格率**と道徳を一致させることができたら、自発的に道徳を行うことができます。こうすることで人は自由を手に入れることができると**カント**は言います。

彼はこれを**「汝の意志の格率がつねに同時に普遍的法則となるように行為せよ」**という**定言命法**(P165)で言い表しました。

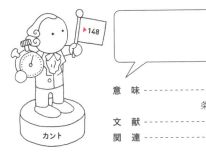

自律

意味 ──────────── 定言命法に従って、条件に拘束されない自由な意思決定を行うこと
文献 ──────────── カント『人倫の形而上学の基礎づけ』
関連 ──────────── 道徳法則(P164)、格率(P168)、定言命法(P165)

理性が聞いた**道徳法則**(P164)の声に従って行動するということは、じつは自分の理性に従うのと同じことです。それは**格率**(P168)と**道徳法則**が一致している状態です。

つまり私たちが道徳的な行いをしているとき、道徳は神から与えられた**他律**ではなく、自分で作った**自律**となっています。**カント**は道徳的であることは**自律的**であり、自由であると言いました。

目的の王国

文　献　――――――― カント『人倫の形而上学の基礎づけ』
関　連　――――――― 道徳法則(P164)、格率(P168)、自律(P169)
メ　モ　――――――― カントは、目的の王国に対して、因果律が支配する世界を「自然の国」と呼んだ

カントは**道徳**は何かの報酬を手に入れるための手段ではなく、その行為自体が**目的**になっているべきだと考えました(道徳法則P164)。彼はそのような行為ができる**自律**(P169)した人のことを**人格**と呼びます。

人格
格率(P168)＝道徳法則(P164)になっている
自律(P169)した人のことを「人格」という

そしてお互いの**人格**をお互いに目的として最大限に尊重し合う世界を**目的の王国**と表現し、これを理想の社会だと考えました。

批判哲学

メモ ---------- カントの「批判哲学」とは、理性に対する批判だ。といっても理性の否定ではない。従来の形而上学に対して認識の限界を定め、形而上の世界の持ち分を実践（行動）に限定することが、批判哲学の要諦である

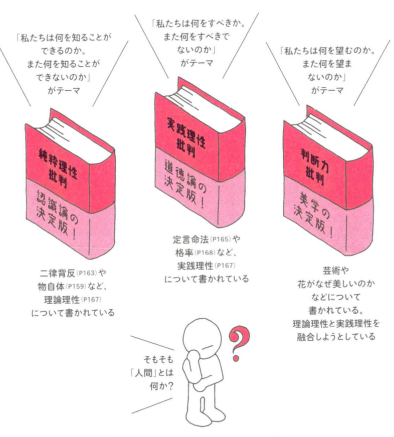

「私たちは何を知ることができるのか。また何を知ることができないのか」がテーマ

「私たちは何をすべきか。また何をすべきでないのか」がテーマ

「私たちは何を望むのか。また何を望まないのか」がテーマ

純粋理性批判
認識論の決定版！

二律背反（P163）や物自体（P159）など、理論理性（P167）について書かれている

実践理性批判
道徳論の決定版！

定言命法（P165）や格率（P168）など、実践理性（P167）について書かれている

判断力批判
美学の決定版！

芸術や花がなぜ美しいのかなどについて書かれている。理論理性と実践理性を融合しようとしている

そもそも「人間」とは何か？

哲学において「批判」とは否定のことではない。「そもそも○○とは何か？」と常識を見直すこと

カントには『**純粋理性批判**』『**実践理性批判**』『**判断力批判**』という3つの代表作があります。すべて語尾に「批判」とつくので、彼の哲学は**批判哲学**と呼ばれています。ただしここで言う「批判」とは、「否定」の意味ではなく、物事を改めて根本から吟味し直すという意味で使われています。

ドイツ観念論

具体例	カント、フィヒテ、シェリング、ヘーゲル
対義語	唯物論
関連	大陸合理論(P106)、イギリス経験論(P101)
メモ	後進国ドイツが近代化を進める中で生まれた

カントの哲学は、世界を**現象**(P161)と**物自体**(P159)に分けることになりました。そして、**理論理性**(P167)は現象の認識を担当し、**実践理性**(P167)は**物自体**にかかわる**行動**を担当します。つまり、認識と行動では異なる理性が働くことになるのです。しかし、理性はこのように分裂しなければならないのか。**フィヒテ**(P149)、**シェリング**(P149)、**ヘーゲル**はそんなことはないと主張します。**カント**に始まり、**ヘーゲル**で完成した人間の精神の哲学を**ドイツ観念論**といいます。

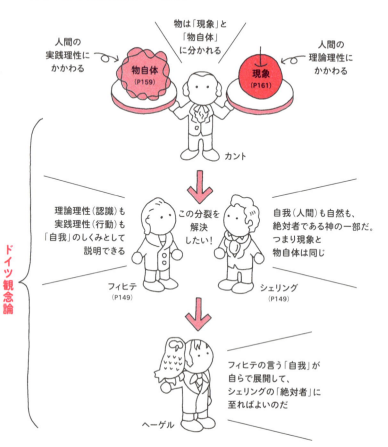

絶対精神

文　献 ------------ ヘーゲル『精神現象学』『エンチクロペディー』
関　連 ------------------------------------- 歴史(P176)
メ　モ ------------------------- ヘーゲルの精神哲学では、
精神は主観的精神→客観的精神→絶対精神へと展開していく

人間は**物自体**(P159)という**客観**は認識できないと**カント**は考えました。けれども**ヘーゲル**が考える人間の認識能力は**カント**が考える認識能力のように機能が固定されていません。認識能力は**社会**の中で**教養**を身につけながら自分の中で行う**弁証法**(P174)によって、いずれ**客観**の全貌を完璧に捉えるまでに成長します。そのような完全な認識能力を持った精神を**ヘーゲル**は**絶対精神**と呼びます。

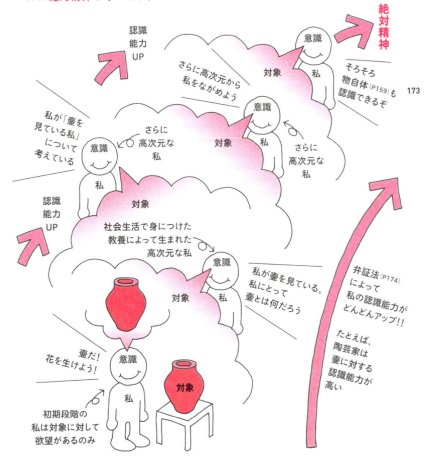

弁証法

意　味 ------------ 矛盾する事柄を、統一・総合することによって、
　　　　　　　　　高い次元の結論へ導く思考方法
文　献 ------------ ヘーゲル『精神現象学』
メ　モ ------------ 弁証法は単なる折衷案ではないことに注意

ヘーゲルは**弁証法**という手法を進めていけば、人間は絶対的かつ普遍的な**真理**を知ることができると考えました。ある1つの主張があれば、それには必ず反対意見が存在します。これを否定せず、お互いの良いところを取り入れて統一し、新たな考えを作り出せば、1つ高い次元の知識が完成します。これを繰り返していけば、人はいつか絶対的な真理をつかむ**絶対知**を手に入れることができると彼は考えたのです。この**絶対知**を手にするまでの一連の手法が**弁証法**です。

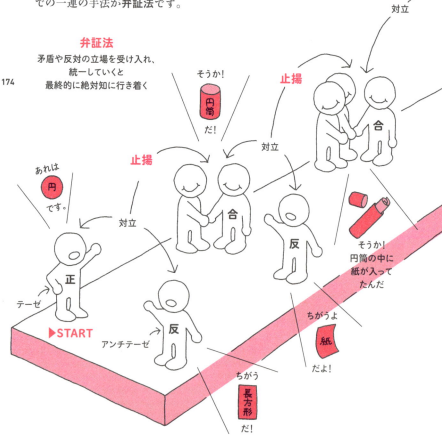

弁証法
矛盾や反対の立場を受け入れ、統一していくと最終的に絶対知に行き着く

はじめの主張を**テーゼ（正）**または**即自**、それを否定する立場のことを**アンチテーゼ（反）**または**対自**といいます。そして2つを統一して、より高い次元の考えを生み出すことを**アウフヘーベン（止揚）**といい、生みだされたものを**ジンテーゼ（合）**または**即自かつ対自**といいます。

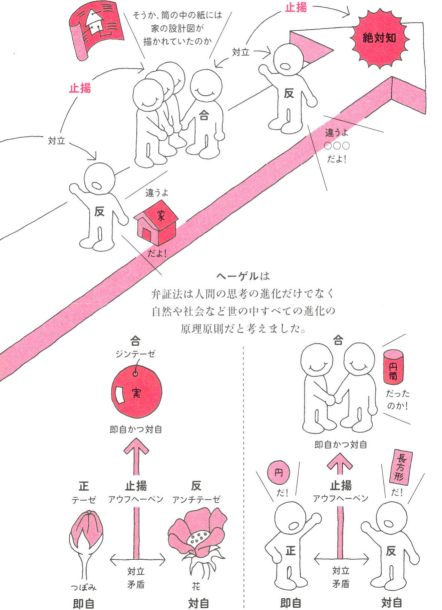

歴 史

文 献 -------- ヘーゲル『歴史哲学講義』
メ モ -------- 人間の自由は、オリエント世界、ギリシア世界、ローマ世界と進むにつれて発展し、ゲルマン世界で最終段階に達するというのがヘーゲルの考え

カントは自分の**格率**(P168)と**道徳法則**(P164)を一致させ、それを実践することが自由だと説きました(自律P169)。けれども**ヘーゲル**にとっての自由は、そのような個人の内面の問題ではなく、現実社会で具体的に実現されなくては意味がないものでした。**ヘーゲル**は、具体的な自由が**弁証法**(P174)によって現実社会で実現する過程が<mark>歴史</mark>であると考えました。

ヘーゲルの考える歴史

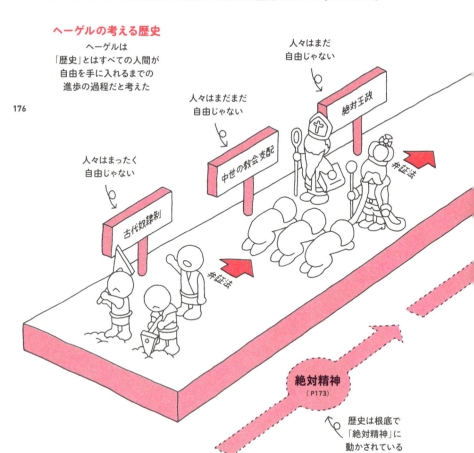

ヘーゲルは「歴史」とはすべての人間が自由を手に入れるまでの進歩の過程だと考えた

人々はまったく自由じゃない — 古代奴隷制
人々はまだまだ自由じゃない — 中世の教会支配
人々はまだ自由じゃない — 絶対王政

弁証法

絶対精神(P173)

歴史は根底で「絶対精神」に動かされている

※世界精神とは絶対精神が歴史の中にあらわれたもの

ヘーゲルは、歴史を根底で動かしているものは人間が**絶対精神**（P173）を手にいれて自由になりたいと思う意識であると考えました。そしてその意識は少数の人間が自由だった時代から、すべての人間が自由を手にする時代へと歴史を推し進め、最終的に、**人倫**（P178）といわれる共同体を誕生させると主張しました。

人 倫

意　味 ------ 人間が生活するうえで行為の規範となる法と道徳とを弁証法的に総合したもの
文　献 ------------------------------ ヘーゲル『法の哲学』
関　連 ------------ 弁証法(P174)、家族｜市民社会｜国家(P179)

人倫
真の自由の実現

止揚
アウフヘーベン
(P175)

対立
矛盾

道徳
個人の内面の自由は尊重されるべきだが
道徳は主観的な信念にすぎないので
社会性にとぼしい

法律
法律は社会秩序を維持し、
客観的な自由を保障するものだが
個人の内面はおろそかになる

　ヘーゲルは個人の内面である**道徳**と、社会全体の秩序を作る**法律**が矛盾なく共存する共同体を**人倫**と呼びました。人倫とは真の自由が実現される社会です。**主観的**な道徳と**客観的**な法律は相容れないもの同士のように思われますが、この2つが**弁証法**(P174)によって統一されれば、それを生み出すことが可能だと**ヘーゲル**は考えました。

家族｜市民社会｜国家

文献 ────── ヘーゲル『法の哲学』
関連 ────── 弁証法(P174)、人倫(P178)
メモ ────── ここでの国家は、プロイセン国家が念頭に置かれている

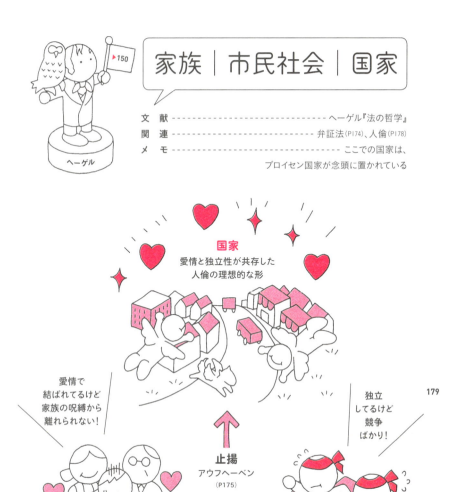

家族は愛情で結ばれた対立のない共同体ですが、個人の意識は独立できません。やがて子は独立して市民社会の一員となりますが、そこは互いの欲望がうずまく競争社会です。家族の愛情の結びつきと市民社会においての個人の意識の独立が弁証法(P174)によって統一したものが国家であるとヘーゲルは言います。彼にとって国家は人倫(P178)の理想的な形なのです。

ペシミズム

> ▶150

文　献 ---------- ショーペンハウアー『意志と表象としての世界』
メ　モ ---------- 哲学的にはプラトン、カント、インド哲学から強い影響を受けている。また、ニーチェに衝撃を与えた哲学者としても知られる

ヘーゲルは、**歴史**(P176)の進歩は人間が自由を手にするまでの過程であると考えました。けれども**ショーペンハウアー**は、人の行動やそれによってもたらされる歴史の変化に何か特別な意味はないと言います。

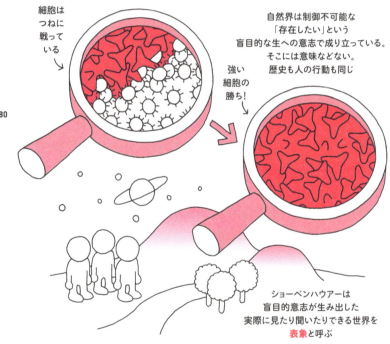

ショーペンハウアーは世界は**盲目的な生への意志**でできていると考えます。たとえば、細胞はつねに弱い細胞を駆逐しながら生き延びようとします。そこには存在への欲望があるだけで目的や意味などありません。ただ自然界の法則に従っているだけなのです。**ショーペンハウアー**は人間の行動とは、このような制御することのできない「存在したい」という**意志**が起こす**衝動**にすぎないと考えました。

この**盲目的意志**による争いの苦しみは永遠に続きます。社会全体がどれだけ変化しても、個人の苦しみがなくなるわけではないのです。このような**ショーペンハウアー**の思想は**ペシミズム（厭世主義）**と呼ばれます。

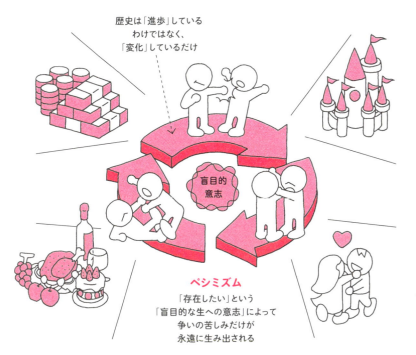

彼はこの盲目的意志から一時的に逃れる方法は**芸術**に浸ることだと言います。また根本的に逃れるためには、他者に**同情**することで苦しみを人と共有するか、さもなくば**仏教**で解脱するしかないと説きました。

あれか、こたか

文　献	キルケゴール『あれか、これか』『哲学的断片』
関　連	主体的真理(P183)、実存の三段階(P186)
メ　モ	「あれも、これも」はヘーゲルの弁証法のほか、様々な欲望を追求する美的実存の段階のことでもある

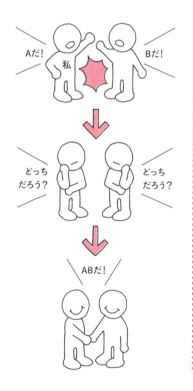

あれも、これも
「あれも、これも」取り込んで普遍的な真理を探究するヘーゲルの弁証法

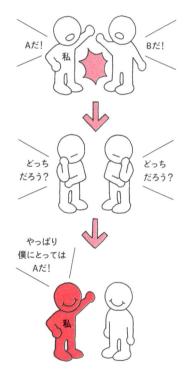

あれか、これか
「あれか、これか」を選択して自分にとっての真理を信じるキルケゴールの考え方

ヘーゲルにとって**真理**とは、みんなが納得する普遍的な考えのことです。それに対して**キルケゴール**が大切にした真理とは**「私にとって真理であるような真理」**でした。彼は誰にでもあてはまる一般的な真理を知ったところで意味はないと言います。**弁証法**(P174)のように**「あれも、これも」**取り込んで普遍的な真理を導きだすことよりも**「あれか、これか」**を主体的に選び取ることが**キルケゴール**の生き方でした。

主体的真理

文　献 ────────── キルケゴール『ギーレライエの手記』
　　　　　　　　　『哲学的断片への結びとしての非学問的あとがき』
メ　モ ────────── キルケゴールが生きた時代は、
　　　　　　　　　ヘーゲル哲学が絶大な人気を誇っていた

客観的真理
100人もの人が
集まった
盛大なパーティー

私

主体的真理
何人集まろうが、私から見れば
「あの人」が参加していない
寂しいパーティー

あの人が
来て
ない…

私

ヘーゲルにとって**真理**とは、広く一般的なものをいいます。これに対して**キルケゴール**にとっての真理とは「**私にとって真理であるような真理**」、つまり**主体的**なものです。前者を**客観的真理**、後者を**主体的真理**といいます。

例外者

文　献 ------- キルケゴール『死に至る病』
関　連 ------- 主体的真理(P183)、実存の三段階(P186)
メ　モ ------- 実存の三段階では、宗教的実存が単独者の段階とされる

ヘーゲルは、万人に共通する（普遍的な）価値のためには例外的な価値が犠牲になることはやむをえないと考えました。これを**「偉大なナポレオンが歴史を前に進めるために、行く先にある花を踏み潰すのは仕方がない」**と表現しています。これに対し**キルケゴール**は普遍的な価値に含まれない**例外者**として存在することこそ本当の価値だと考えました。

例外者
たとえ孤独と不安と絶望に押しつぶされそうになっても自分だけの価値を守る存在

キルケゴールにとって**例外者**として生きるということは、大衆の考えの中に埋没することなく、自分の信じるもの（彼の場合は神でした）の前にたった1人で立つ**単独者**であることを意味します。

実存主義

意　味 ---------- 具体的に生きている私のあり方を探求する思想
具体例 ---------- キルケゴール、ハイデガー、ヤスパース、サルトル
メ　モ ---------- 文学では、ドストエフスキー、カフカ、カミュなどが
　　　　　　　　　実存主義の作家とされる

キルケゴールにとって重要だったものは、これまで哲学が探求してきた普遍的な真理ではなく、**「私にとって真理であるような真理」**（あれか、これか P182）でした。彼のように、今のこの現実を一般的な考えとは無関係に主体的に生きることを実存と呼びます。そして既存の哲学のように、客観的に世界を把握するのではなく、「この私」にとっての真理を探求する立場を実存主義といいます。

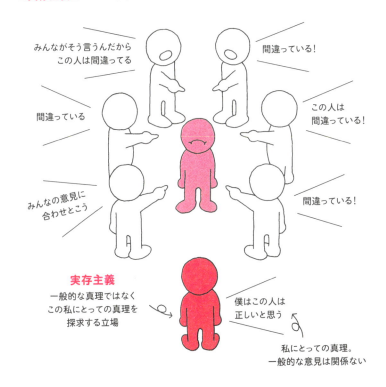

実存主義は、神など人間を超越した存在と対話する**有神論的実存主義**（キルケゴール、ヤスパースなど）と、神を否定する**無神論的実存主義**（ニーチェ、ハイデガー、サルトルなど）に分かれます。

実存の三段階

文　献 ───── キルケゴール『あれか、これか』
『哲学的断片への結びとしての非学問的あとがき』
関　連 ───── 「あれか、これか」(P182)、例外者(P184)
メ　モ ───── 三段階の展開は「質的弁証法」と呼ばれる

キルケゴールは、人間が真の**実存**(P185)に到達するための道のりを三段階に分けて考察しました。これを**実存の三段階**といいます。

第一段階は欲望のままに快楽を追求し、感覚的に生きるあり方です。これを**美的実存**と呼びます。このあり方では、いつまでたっても欲望が満たされることはないので、やがて自分を見失い、心身の疲れと空虚感によって絶望してしまいます。

❶美的実存

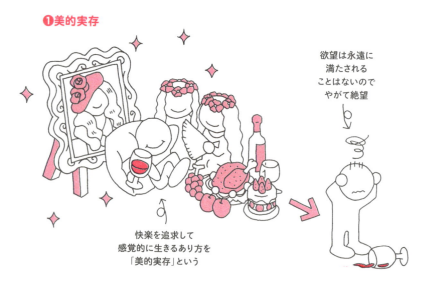

第二段階は絶望した者が立ち直るために、自分の正義感をもとに社会貢献をして自己実現しようとするあり方です。これを**倫理的実存**といいます。けれども人間は完全ではないので、自己中心的になってしまい、やがて社会との摩擦が強くなって絶望してしまいます。

❷倫理的実存

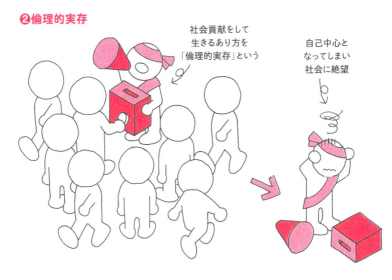

けれども、人間はこの絶望を通じて最終段階である**宗教的実存**へと到達します。**宗教的実存**とは神の前にたった1人で立つ**単独者**(P184)であることをいいます。

❸宗教的実存

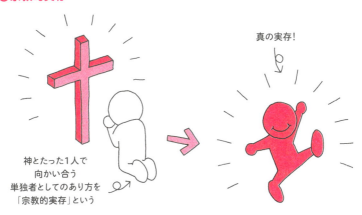

絶望の中、神と直接対話するこの生き方で、初めて人間は本来の自分を取り戻せると**キルケゴール**は考えました。

(神の)見えざる手

文献 .... アダム・スミス『諸国民の富』
関連 .... 自由放任主義(P190)
メモ .... スミスの著作の中には
　　　　　　　　　　　　　　　「神の」という語は登場していない

イギリスで産業革命が始まると、資本主義経済がヨーロッパに広がり始めました。資本主義の基本原理である「自由競争による個人の利益の追求」は、はたして社会全体に利益をもたらすのでしょうか？

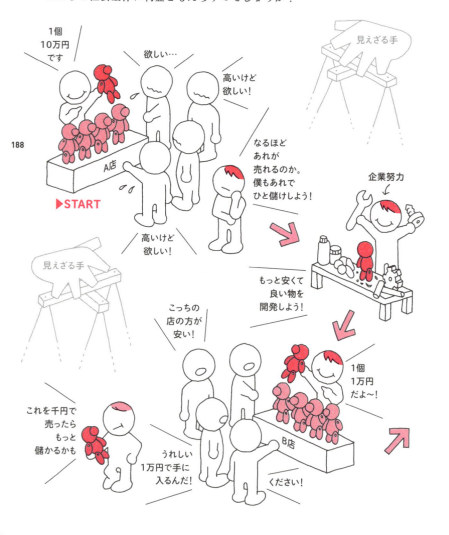

アダム・スミスの答えはYESでした。彼によると個人の利益の追求は**（神の）見えざる手**に導かれ自然とみんなの利益につながります。したがって、国家が市場に介入する必要もないというわけです。

自由放任主義 レッセフェール

文　献 ──── アダム・スミス『諸国民の富』
メ　モ ──── スミスの自由放任主義は、道徳を無視して私益を追求してもいいということではない。したがって単純な市場原理主義ではない

自由な経済競争の下で、個人が自分の利益を追求すれば**神の見えざる手**（P189）に導かれ、国が介入しなくても、結果的に社会全体の利益につながると**アダム・スミス**は考えました。これを**自由放任主義（レッセフェール）**といいます。

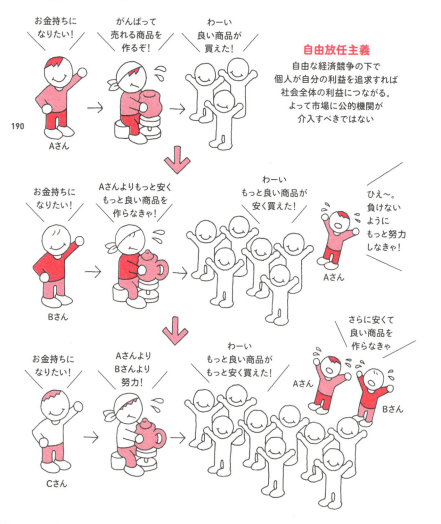

自由放任主義
自由な経済競争の下で個人が自分の利益を追求すれば社会全体の利益につながる。よって市場に公的機関が介入すべきではない

功利主義

意　味 ------ 社会全体の快楽の増大や苦痛の減少を基準にして、道徳や立法の判断をするべきだとする考え方
具体例 ---------------------------------- ベンサム、ミル
メ　モ --------- 行為の結果を重視するので「結果説」と呼ばれる

人間とは**快楽を求め、苦痛を避ける生き物**だとベンサムは考えました。

したがって彼は、何かしらの行為が人の**快楽**に結びつけばその行為は**善**、**苦痛**に結びつけば**悪**だと定義しました。善悪の判断基準を快をもたらすかどうかに求める考えを**功利主義**といいます。

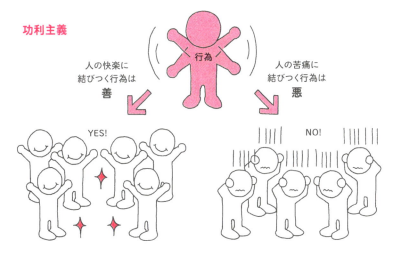

善悪を客観的に判断できる**功利主義**は、現在でも倫理学や政治学などの分野にも大きな影響を与えています。

快楽計算

文献 —— ベンサム『道徳および立法の諸原理序説』
関連 —— 最大多数の最大幸福(P193)、質的功利主義(P194)
メモ —— ベンサムの快楽計算は、強さ、持続性、確実性、遠近性など7つの基準で計算する

人間の本質は快楽を求め、苦痛を避けるものだと**ベンサム**は考えました。そして彼はこの快楽と苦痛の数量化を試みます。彼は快楽を**強さ**、**持続性**、**確実性**などの視点で計算しました。これを**快楽計算**といいます。

快楽計算
快楽を強さ、持続性、確実性などの視点で
数量化して計算する方法

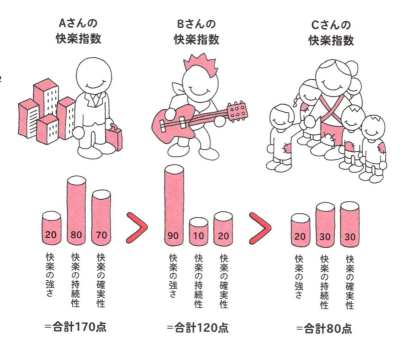

彼は、**快楽計算**による点数の高い個人が多い社会ほど幸福な社会であると考えます。身分の高い人の点数もそうでない人の点数も同等に換算されるこの考え方は、民主主義の発展に大きく貢献しました。彼は言います。「**個人は等しく１人と数えられ、誰もそれ以上には数えられない**」

▶152 最大多数の最大幸福

文　献 -------------- ベンサム『道徳および立法の諸原理序説』
関　連 ---------------------- 功利主義(P191)、快楽計算(P192)
メ　モ -- 原文は
the greatest happiness of the greatest number

ベンサムは**快楽計算**(P192)による点数の総合計が高い社会ほど幸福な社会であると考えました。

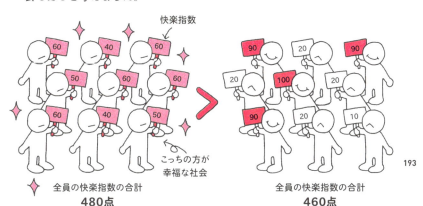

そのため**ベンサム**は、できるだけ多くの人にできるだけ高い快楽指数が与えられなければならないと考えました。彼はこれを**「最大多数の最大幸福」**と表現し、立法の規準とします。

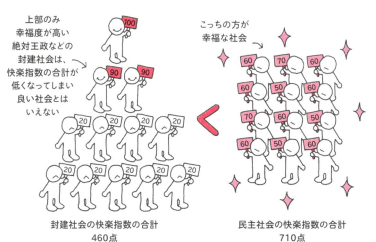

質的功利主義

意 味 ---------------- 快楽には、低級なものと高級なものとの質の差があるという考え方
文 献 ---------------- ミル『功利主義論』
関 連 ---------------- 最大多数の最大幸福(P193)

ミルはベンサムの快楽の数量化(快楽計算P192)に疑問を持ちます。なぜなら、快楽には**量**的な違いのほかに**質**的な違いがあるからです。ミルは快楽の**質**の方を重要視しました。これを**質的功利主義**といいます。

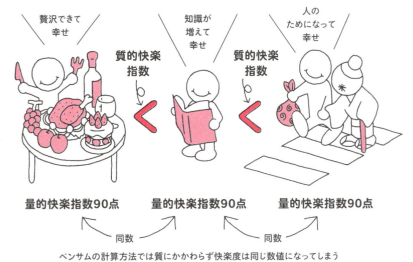

ベンサムの計算方法では質にかかわらず快楽度は同じ数値になってしまう

ミルは肉体的快楽よりも精神的快楽を質の高いものであると考え、精神的快楽は他人の幸福によって得られるはずだと信じます。彼は**「満足した豚であるより、不満足な人間である方が良い」**のスローガンの下、**功利主義**(P191)をより理想的なものに修正しました。

満足した豚であるより、不満足な人間である方がよい。同じく、満足した愚か者であるより、不満足なソクラテスである方がよい
by ミル

資本家階級 ブルジョアジー
労働者階級 プロレタリアート

文　献 ── マルクス・エンゲルス『共産党宣言』ほか
関　連 ── 生産関係(P196)、(労働の)疎外(P198)、階級闘争(P199)
メ　モ ── ロシアではレーニンがプロレタリア独裁を掲げ、ソビエト連邦が成立した

アダム・スミスは個人が自由に利潤を追求すれば**見えざる手**(P189)に導かれ、社会全体の利潤につながると考えました。けれども**マルクス**は自由な経済競争は**資本家階級（ブルジョアジー）**と**労働者階級（プロレタリアート）**という新しい**貧富の差**を生み出してしまうと言います。

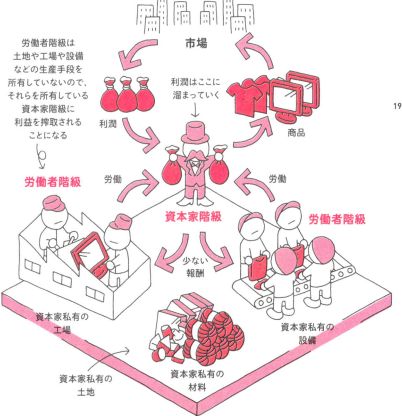

これを避けるために**マルクス**は土地や工場や設備などの**生産手段**(P196)は**私有してはならず**、**公有化**するべきだと主張しました。

生産関係

文　献 ------------------------------ マルクス『経済学批判』
関　連 -- 階級闘争(P199)、唯物史観(P202)、上部構造｜下部構造(P200)
メ　モ ----------------------- 生産関係という下部構造が、
　　　　　　　　　　　　　　　　人々の意識のあり方(＝上部構造)を規定する

人間が生きるためには衣食住が必要です。衣食住に関するものを生産するための**設備、土地、原材料**を**生産手段**といいます。**封建制**での**小作人**に対する**封建領主**や**資本主義体制**での**労働者**に対する**資本家**のように、**生産手段を持つ者は支配階級**となります。生産手段の有無によるこのような上下関係を**生産関係**といいます。

各時代の生産関係

奴隷制
支配階級＝主人
被支配階級＝奴隷

鉄製農具の発展

封建制
支配階級＝封建領主
被支配階級＝小作人

工業化

資本主義体制
支配階級＝資本家
被支配階級＝労働者

生産関係はその時代の技術レベルによって決まります。ところが技術の進歩により、物が過剰に生産できるようになると、**被支配階級の地位が向上**し、**支配者階級から独立**しようとします。こうして次の**生産関係**の時代になります。

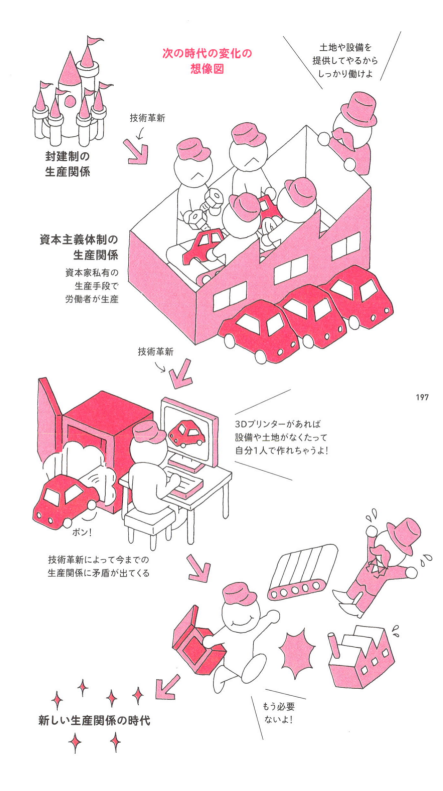

（労働の）疎外

▶151

文　献 ──────── マルクス『経済学・哲学草稿』
メ　モ ──── マルクスは労働の疎外を「労働生産物からの疎外」
　　　　　　「労働行為からの疎外」「類的存在からの疎外」
　　　　　　「人間からの人間疎外」と4つの意味に分けている

人間は衣食住のために物を生産し続けなくてはなりません。つまり人間の本質は**労働**だと**マルクス**は主張します。労働は単なる生活の手段ではなく、他者との社会生活の中で自分自身を表現できる喜ばしいものであるはずです。けれども資本主義体制では、**生産手段**(P196)を持たない労働者は、資本家の利潤追求に振り回され、本来楽しいはずの労働が苦痛になります。**マルクス**はこれを**（労働の）疎外**と呼びました。

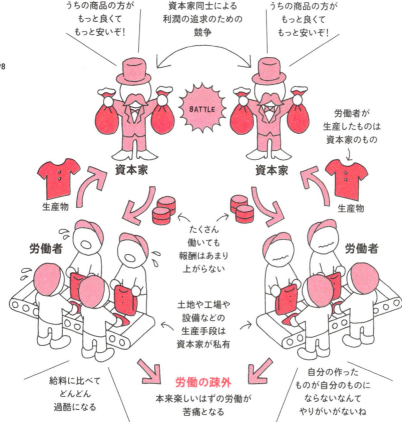

階級闘争

▶151

文　献 ──── マルクス・エンゲルス『共産党宣言』ほか
関　連 ──── 資本家階級│労働者階級(P195)、生産関係(P196)、唯物史観(P202)
メ　モ ──── 社会主義には階級が存在しないので、階級闘争は起こらないとされる

生産関係(P196)は一度できあがってしまうと、支配階級がその制度を維持しようとするため固定化します。ところが生産力（生産物の供給能力）は技術革新により絶えず発展します。そして固定化した生産関係は増大しすぎた生産力の発展を押さえつけようとします。この生産力と生産関係の矛盾はやがて階級闘争（社会革命）を引き起こし、新しい生産関係の時代を生むとマルクスは考えました。

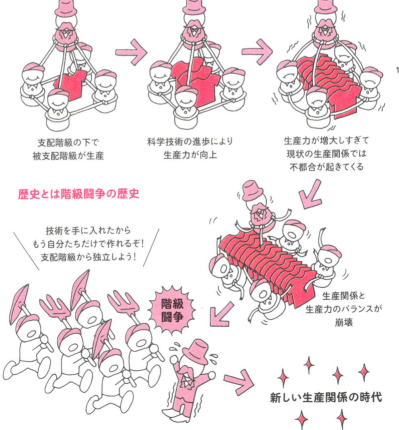

上部構造｜下部構造

▶151

文　献 ……………………………… マルクス『経済学批判』
関　連 ……… 生産関係(P196)、イデオロギー(P201)、唯物史観(P202)
メ　モ ……………… たとえば日本の下部構造は資本主義であり、
　　　　　　　　　　　　　　上部構造は民主主義である

マルクスは、各時代の**生産関係**(P196)による経済のしくみを**下部構造**、法律、政治制度や、宗教、芸術、学問のような文化を**上部構造**と呼びます。そして人間の意識のあり方である**上部構造**は、物質的な**下部構造**によって作られ、決定されると考えました。

上部構造（精神的なもの）
法律、政治制度などのものの考え方や、宗教や芸術などの文化を「上部構造」という

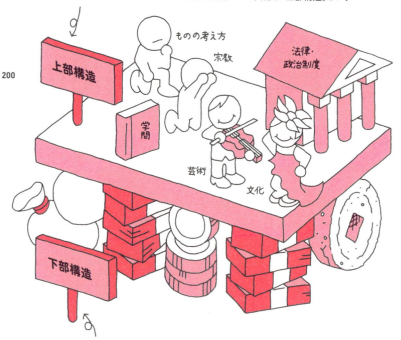

下部構造（物質的なもの）
各時代の生産関係(P196)による経済のしくみを「下部構造」という。その時代が封建的なのか、資本主義的なのか、社会主義的なのか、または自分がお金持ちなのか貧乏なのかなどの「下部構造」によって、人の考え方である「上部構造」が決まる。たとえば、「贅沢」は社会主義においては平等をけがすものであり、資本主義においてはしばしば心を豊かにするものとして扱われる。つまり、人の意識が経済の構造を作るのではなく、経済の構造が人の意識を作る

イデオロギー

文　献 ── マルクス・エンゲルス『ドイツ・イデオロギー』、マルクス『経済学批判』
関　連 ── 生産関係(P196)、上部構造｜下部構造(P200)
メ　モ ── 一般的には「ある立場を支える思想や信条」の意

人の考えは意志によるものではなく、その時代の**下部構造**(P200)によって決まると**マルクス**は考えます。たとえば、中世封建制において、お金儲けは神に背く悪い行いです。けれども資本主義体制では、その構造上当然の行為で悪ではありません。

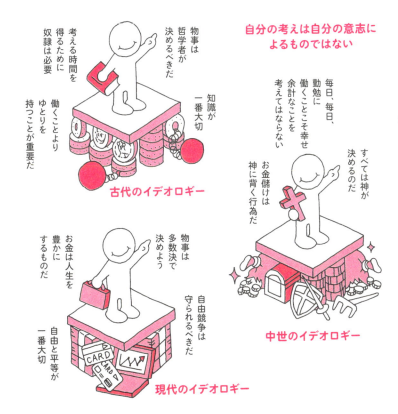

自分が生きている時代の**生産関係**(P196)を意識せずに、あたかも自分の意見のように発せられた主義主張をマルクスは**イデオロギー（疑似意識）**と呼んで批判しました。

唯物史観

- 文　献 ······ マルクス『経済学批判』
- 関　連　生産関係(P196)、上部構造｜下部構造(P200)、イデオロギー(P201)
- メ　モ ······ 唯物史観によれば、共産主義革命は資本主義が発展した国で起きるが、現実には後進国ロシアで起きた

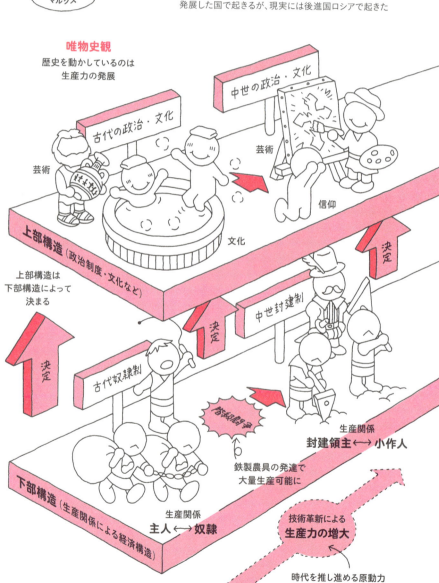

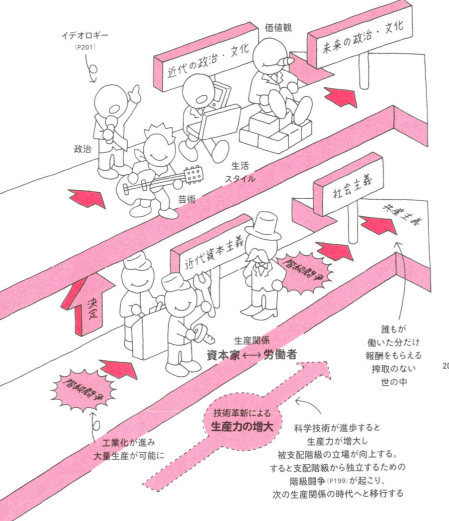

　ヘーゲルは人間の意識が歴史(P176)を推し進めると考えましたが、**マルクス**は歴史を動かすのは意識のような精神的なものではなく、物質的なものだと主張します **(唯物史観／史的唯物論)**。人間は衣食住のために、ものを生産し続ける必要があります。このような**生産活動**のため、人はその時代の技術レベルに見合った**生産関係**(P196)を結びます。そして、生産関係が**土台**(下部構造P200)となって**政治制度**や**文化**(上部構造P200)ができるというのです。やがて技術の進歩により**生産力**が増大すると、それまでの**生産関係**が維持できなくなり、**階級闘争**(P199)が起こります。こうして時代は、**奴隷制→封建制→資本主義→社会主義→共産主義**の順で進歩すると**マルクス**は考えました。

観念論

▶150

メモ -------- 同じ観念論であっても、プラトンのイデアのように、人間が直接認識できないものが実在すると考える立場もあれば、バークリのように、実在するのは人間が直接知覚できる感覚や観念だけと考える立場もある

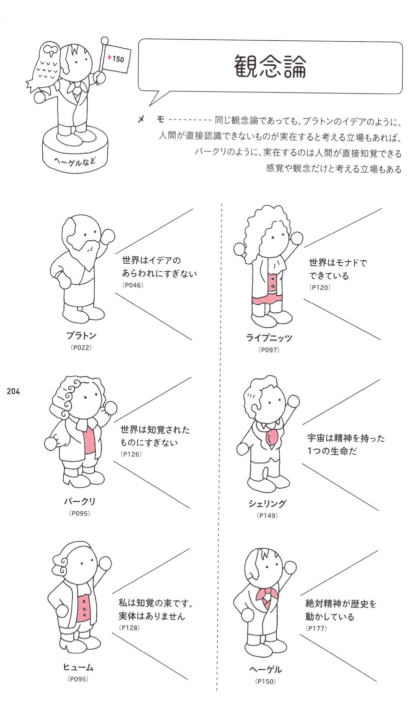

世界をかたちづくるものの根源は、物質ではなく精神的なものだと考えることを**観念論**といいます。**プラトンやヘーゲルが代表的な観念論者**です。

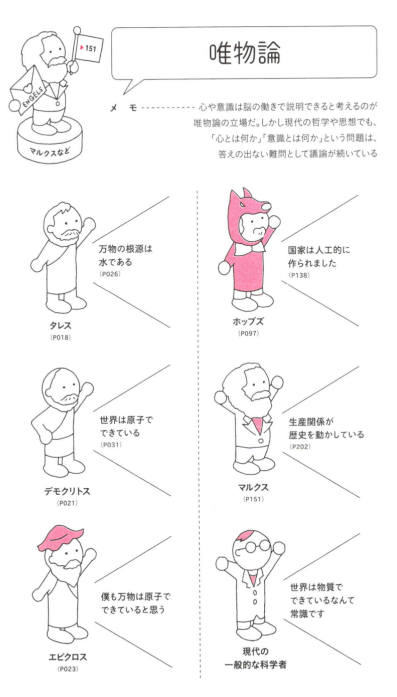

ニヒリズム

意 味	既成の価値を否定する立場
文 献	ニーチェ『力への意志』
関 連	力への意志(P212)
メ モ	日本語では「虚無主義」などと訳される

産業革命以降、工業化による公害や景観の悪化、過酷な労働など、新たな問題が次々に生まれました。それまで文明の進歩は人類を幸せにするものと信じられてきましたが、じつはそうではないかもしれないという考えが蔓延し始めます。

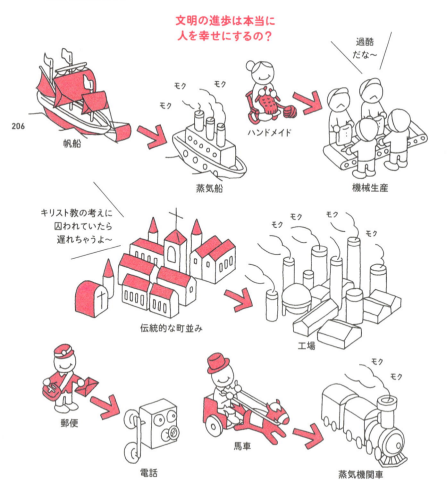

そして、キリスト教も合理的な近代文明とは相容れない価値となり、影響力を失っていきます。キリスト教を道徳の基準としていた人々は心の寄りどころを失ってしまいました。

人々が自分の行動の目的を見失う**ニヒリズム**の時代の到来を確信した**ニーチェ**は**「神は死んだ」**と宣言します。このような時代の中、自分自身で新しい価値を作り出す**能動的ニヒリズム**という生き方と、既存の価値の損失によって、生きる気力を失ってしまう**受動的ニヒリズム**があると**ニーチェ**は言います。

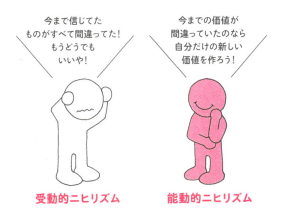

ルサンチマン

文　献 — ニーチェ『道徳の系譜』
関　連 — 奴隷道徳(P210)
メ　モ — 元々は「恨み」「怨恨」の意。
これをニーチェは弱者が強者を憎悪する心理を表す語として用いた

弱者が、力ではかなわない強者のことを**悪**に仕立て上げ、自分を納得させる心理をニーチェは**ルサンチマン**と呼びます。たとえば貧しい人がお金持ちを悪だとみなすことによって精神的に優位に立とうとすることです。

ルサンチマン
弱者は自分を善、強者を悪と思い込むことによって
自分を精神的に優位に立たせる。
弱者のこの性質によってキリスト教が爆発的に広まった

自分はかわいそうな被害者だ。
今は苦しいけど
善人の僕は死んだら
天国に行けるんだ！
聖書にもそう書いてある

「金持ちが天国に行くのは
ラクダが針の穴を通るより難しい」
イエス・キリスト

キリスト教は、人々の心の中にある**ルサンチマン**を**道徳**という言葉に変えて正当化したので、爆発的に受け入れられたのだと**ニーチェ**は考えました。

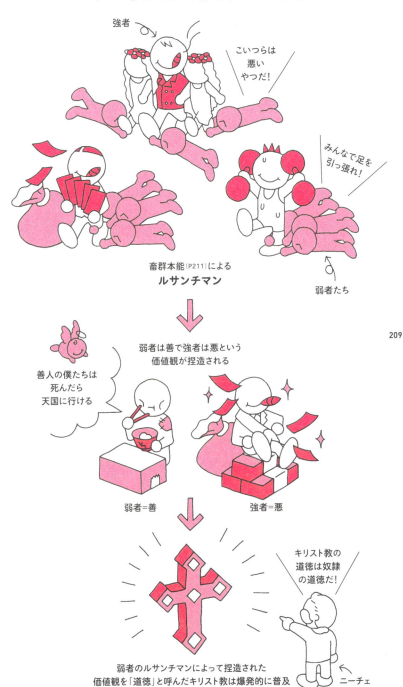

奴隷道徳

文　献 ────────────── ニーチェ『道徳の系譜』
関　連 ────────────── ルサンチマン(P208)
メ　モ ────────────── ニーチェは奴隷道徳にかわって、
　　　　　　　　　　　　貴族主義的な「主人道徳」を説いている

ダーウィンによれば、自然界の生物は強い者が生き残る自然淘汰によって進化してきました。そこには**善悪**という**道徳**は存在しません。強い草花が弱い草花を駆逐して増えたからといって強い草花が悪ということではないはずです。

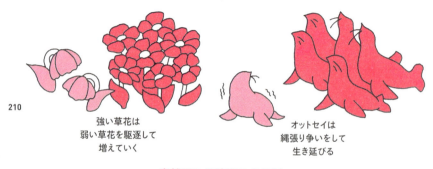

強い草花は
弱い草花を駆逐して
増えていく

オットセイは
縄張り争いをして
生き延びる

**自然界には強弱はあるが
善悪という道徳は存在しない**

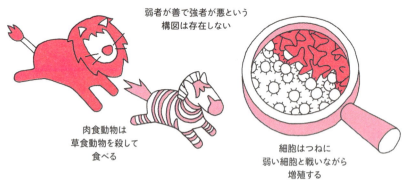

弱者が善で強者が悪という
構図は存在しない

肉食動物は
草食動物を殺して
食べる

細胞はつねに
弱い細胞と戦いながら
増殖する

ところが人間界には往々にして才能や健康に恵まれた**強者が悪**で**弱者が善**という道徳が見て取れます。どうして人間界だけにこのような価値観が存在するのでしょうか？

ニーチェによれば人間の弱者は束になって、実際の力ではかなわない強者を「思いやりがない」とか「欲が深い」と決めつけ、精神的に優位に立とうとします(ルサンチマンP208)。このような弱者の**畜群本能**が道徳という価値を捏造したのだとニーチェは考えました。

つまり道徳は大多数である弱者が少数の強者に抵抗するための生存本能だというわけです。そしてキリスト教はこれを支持したために、爆発的に広まったのだとニーチェは考えました。彼はキリスト教が説く道徳は本来の価値を反転させたいびつなものであり、**奴隷道徳**であると主張しました。

力への意志

文　献 ── ニーチェ『力への意志』
関　連 ── ニヒリズム(P206)、遠近法主義(P213)、超人(P216)
メ　モ ── ニーチェの「力への意志」という思想には、ショーペンハウアーの哲学の影響が見て取れる

ニーチェは人の行動原理は**力への意志**だと考えました。強くありたいという気持ちがすべての感情や行動のもとになっているというのです。人が怒ったり笑ったり悲しんだりするのは自分の力が認められたり、けなされたりするからだとニーチェは言います。

部下が挨拶しないと上司は「常識がない」と言って怒ります。けれども本当は部下に常識がないから怒るのではなく、自分が無視されて悔しいからだとニーチェは考えます。もっともらしく一般的な正義や道徳を持ち出す背後には強くありたいという**力への意志**が隠されているのです。

遠近法主義 パースペクティヴィズム

意　味 -------------------- 客観的な認識は不可能であり、
　　　　　　　　　　　　それぞれの立場や条件によって認識の仕方は変わるという考え
文　献 -------------------------------- ニーチェ『力への意志』
関　連 ---------------------------------- 力への意志(P212)

ネコにはネコの、人には人の景色の見え方があります。人間はネコよりも「高度」に世界を理解していると思ってしまいそうですが、「高度」という考え方は人間特有の考え方にすぎません。もしこの世界に人間がいなければ高度も低度もないのです。客観的事実は存在せず、あるのは人間の解釈のみだと**ニーチェ**は言います。

遠近法主義
同じ景色を見ても3人いたら消失点は3つある
（価値も3つある）

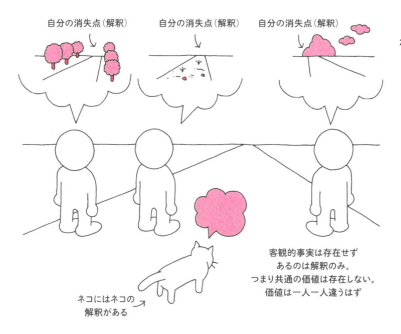

つまり世界に普遍的な価値は存在しないのです。同じ景色を見ても一人一人別々の**消失点**があるように価値も一人一人違うはずです。この考えを**遠近法主義（パースペクティヴィズム）**といいます。

永劫回帰

文献	ニーチェ『ツァラトゥストラ』
関連	ニヒリズム(P206)、超人(P216)
メモ	スイスのシルヴァプラーナ湖畔を散歩していたとき、永劫回帰のアイデアが生まれたといわれている

石ころをいくつかつかんで、地面にばらまく行為を何回も繰り返せば、いつかはまったく同じかたちで地面に配置されます。この行為をさらに無限回繰り返せば、何度も同じ配置になるはずです。

ところで、原子は100種類ほどあるといわれていますが、すべての物質はその組み合わせによるものです。私たちの世界は原子の組み合わせでできています。

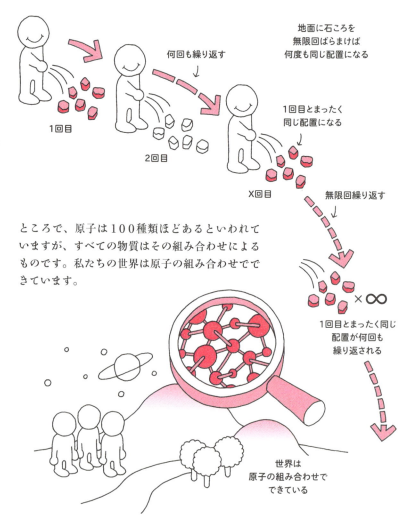

物事が変化する前後で原子の種類と数は変化せず、時間は無限だと考えると、さきほどの石ころの例のように、私たちが今生きている世界とまったく同じ原子の組み合わせは、無限の時間の中で、今後何度も回ってくるし、過去に何度も繰り返されていたことになります。

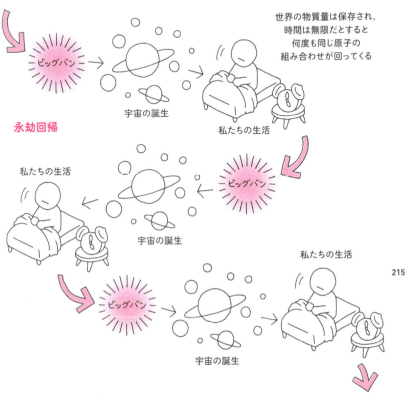

このように考えると時間は円環運動をしていることになり、歴史に進歩や前進はなく、ただ変化のみが存在するのです。**ニーチェ**はこれを**永劫回帰**と呼びました。

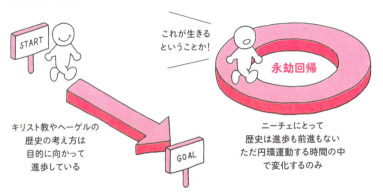

超 人

文　献 -------------------------------- ニーチェ『ツァラトゥストラ』
関　連 -------------------------------- ニヒリズム(P206)、永劫回帰(P214)
メ　モ -------------------------------- 超人とは対照的に、創造力に乏しく、単に生をむさぼるだけの人間をニーチェは「末人」と呼ぶ

人類には共通の目標があり、**歴史**(P176)はそれに向かって進歩しているというのが**ヘーゲル**(P150)の考え方でした。けれども、神が死んだ**ニヒリズム**(P207)の世界では、人は目標に向けて生きる力を失い、ダラダラと毎日を生きることを求めるようになると**ニーチェ**は言います。彼にとって私たちは円環運動をする時間の中をただ生きているだけなのです。

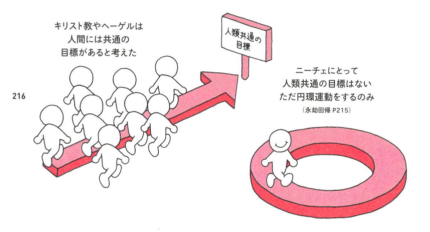

ニーチェはそれでも**永劫回帰**(P215)を肯定します。なぜなら既存の価値に捉われず自分自身で自由に目標を決めることができるからです。

ニーチェは永劫回帰を**「これが生きるということか。ならばもう一度」**と肯定的に受け入れ**（運命愛）**、既存の価値に捉われずに新しい価値を生み出す人間を**超人**と呼びます。彼にとって超人とは真の意味で自由な存在なのです。

超人は奇想天外な発想で新しい価値を作る
（たとえばユダヤ教の教えを破ってでも自分の信念を貫き通したイエス・キリストは新しい価値を生み出した超人。ニーチェはキリスト教は強く批判したが、イエス本人のことは否定していない）

ニーチェによると**超人**は、**奴隷道徳**（P211）に捉われている人たちから初めは理解されませんが、奇想天外なアイデアで既存の価値を失った重苦しい**ニヒリズム**（P207）の世界に風穴をあけます。

超人は初めは理解されないがユニークなアイデアで重苦しい世界に風穴をあける

そして、次に訪れる**ルサンチマン**（P208）の存在しない世界で、**超人**たちは子供のように無邪気に楽しく生きることができるのです。

次に訪れる世界にルサンチマンは存在しない

一人一人自分だけの価値を持っている

プラグマティズム

意　味　　物事が真理であるかどうかを、経験の結果により判断する哲学的態度
具体例　　パース、ジェイムズ、デューイ
メ　モ　　現在は、ネオ・プラグマティズムへと発展している

パースにとって「何かについての知識（概念）」とは「その何かにどのような**行動（行為）**ができて、その結果どうなるかの知識」のことでした。たとえば、「氷」を「知っている」ということは、「氷そのもの」を「知っている」ことではなく、「氷はさわると冷たい」とか「氷は熱をあてると溶ける」ということを「知っている」ということです。たとえ形や素材が「氷」であっても、さわって冷たくなければ、それは「氷」ではありません。

知識とは、結果予測のこと

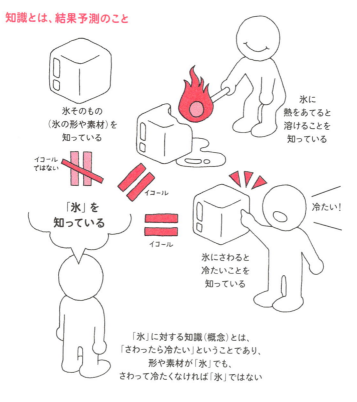

つまり何かに対する知識とは、その何かに対する**行動**の**結果予測**だということができます。こう考えると、知識（概念）は**検証可能**なものとなります。

知識を行動（行為）の結果と結びつけたパースの考えをさらに発展させたのが彼の友人だったジェイムズ(P154)です。ジェイムズは、ある知識をもとに行動した結果が有用であればそれは真理だと言います。これを実用主義といいます。また、デューイ(P154)は知識それ自体に価値はなく、人間にとって有用な道具でなくてはならないとする道具主義を唱えました。

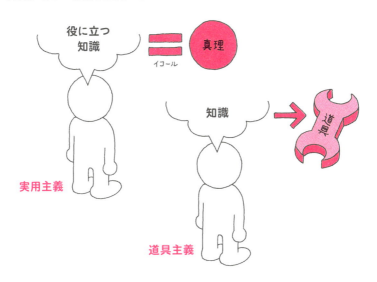

知識とは行動の結果予測のことであり、なおかつその知識が人間にとって有用であれば真理であるとみなす立場をプラグマティズムと呼びます。

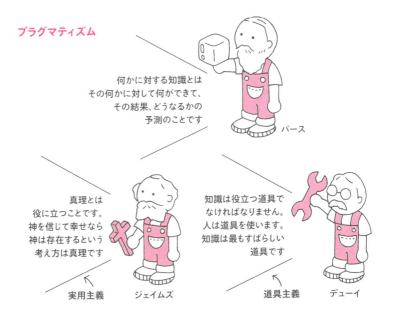

無意識

フロイト ▶155

文　献 -------------------- フロイト『精神分析入門』ほか
対義語 -- 意識
関　連 ----------- エス｜自我｜超自我(P221)、集合的無意識(P223)
メ　モ -------- 無意識は科学的な概念ではないという批判もある

デカルトの「我思う、ゆえに我あり」(P109)以降、自我とは自分の意識のことであり、意識は理性でコントロールできるというのが哲学の常識でした。ところがフロイトは人の行動の大部分は理性でコントロールできない無意識に支配されていると考えました。

個人の忘れたい記憶は意識できない部分へしまい込まれ、普段は抑圧されています。こうした記憶は普段は意識されることはありませんが、何かの拍子で意識化されると不安になったり、ノイローゼになる場合があります。

エス（イド）｜自我（エゴ）
超自我（スーパーエゴ）

文　献 ──────────── フロイト『自我とエス』
関　連 ──────── 無意識(P220)、エロス｜タナトス(P222)
メ　モ ── 精神的な安定を保つための自我の働きを「防衛機制」という

フロイトの考えた**自我**は、人間の本能的な**欲動（リビドー）**である**エス（イド）**とそれを抑圧する道徳的な**超自我（スーパーエゴ）**のバランスをとるために後天的に生まれます。彼の**自我**は、**デカルト**が考えたような確固たるものではなく、**無意識**(P220)の領域を含んだ不安定なものでした。

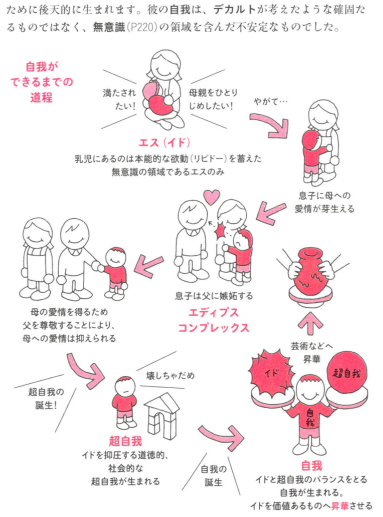

エロス｜タナトス

文　献 ‐‐‐‐‐‐‐‐‐‐‐‐‐‐‐‐‐‐‐‐‐‐‐‐ フロイト『快感原則の彼岸』
関　連 ‐‐‐‐‐‐‐‐‐‐‐‐‐‐‐‐‐‐ 無意識(P220)、エス｜自我｜超自我(P221)
メ　モ ‐‐‐‐‐‐‐‐ 現実原則と快感原則では説明がつかない行動を
　　　　　　　　説明するためにタナトスという概念を仮説として提出した

フロイトは**無意識**(P220)の領域である**エス**(P221)の中には、性的な欲動である**リビドー**(P221)があるのみと考えていました。**エス**はただ**快**だけを求める原則に基づいているので**快感原則**といいます。一方、社会で生きていくための理性である**超自我**(P221)、**自我**(P221)を**現実原則**といいます。

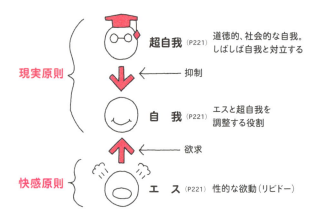

晩年の**フロイト**は、人間の欲動には**リビドー**だけでなく、死へと向かってしまうような欲動があると考えました。これを**タナトス(死の欲動)**といいます。それに対して、性の欲動や自己保存の欲動など、未来に向かって前進する欲動を**エロス(生の欲動)**と呼びます。

エロス（生の欲動）
生きようとする欲動

性の欲動や自己保存の欲動のように、
生きようとする欲動

タナトス（死の欲動）
死へと向かう欲動

何もない状態を求め、
死へと向かう欲動

集合的無意識

文　献 ………………………………… ユング『自我と無意識』
メ　モ ……… フロイトはもっぱら個人的無意識を問題にしたため、
　　　　　　　ユングの集合的無意識という概念は、
　　　　　　　フロイトと袂を分かつ一因となった

精神科医であった**ユング**は、患者が何気なく描く絵が曼荼羅に似ているのを機に、曼荼羅について調べてみました。すると各国に似たような模様があることに気づきました。また各国の神話にも共通点が多いことを知ります。

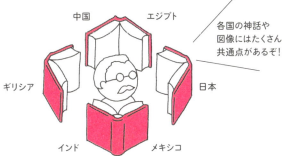

そして**ユング**は、人間には個人の経験による**無意識**（P220）のもっと奥底に、全人類に共通した**集合的無意識（普遍的無意識）**があるのではないかと考えました。

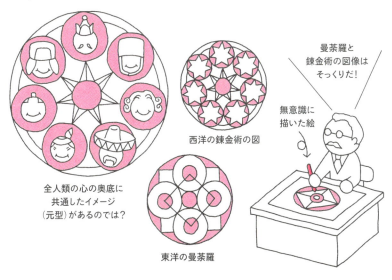

現代

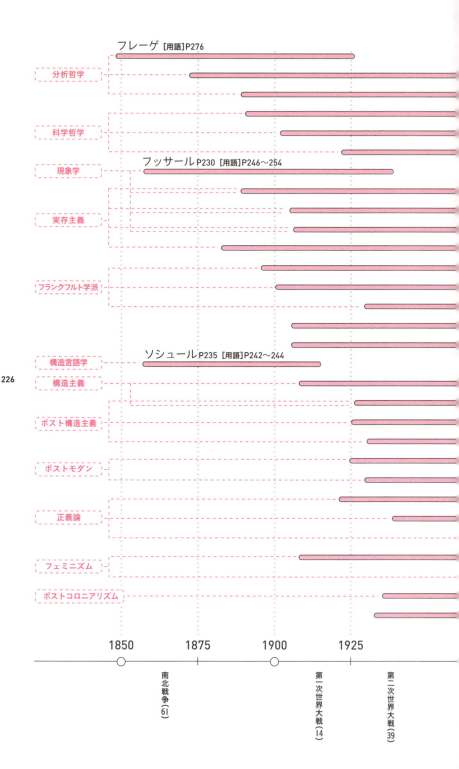

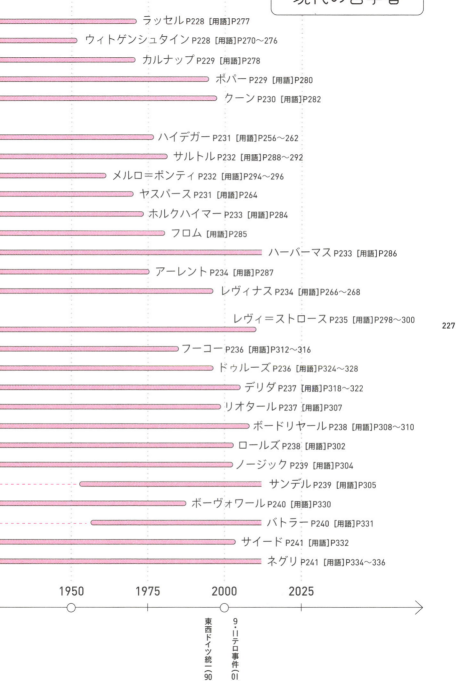

『社会改造の諸原理』『西洋哲学史』『人類に未来はあるか』

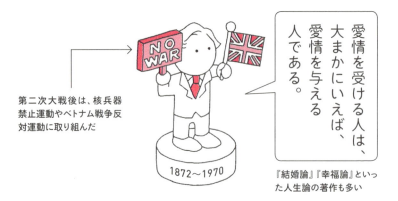

第二次大戦後は、核兵器禁止運動やベトナム戦争反対運動に取り組んだ

愛情を受ける人は、大まかにいえば、愛情を与える人である。

1872〜1970

『結婚論』『幸福論』といった人生論の著作も多い

バートランド・ラッセル

BERTRAND ARTHUR WILLIAM RUSSELL ▶P277

イギリスの哲学者、数学者、論理学者。名門貴族の家に生まれる。第一次世界大戦で戦争に反対し、ケンブリッジ大学を追われて投獄される。宗教や社会思想、教育など多方面にわたって発言し、1950年には自由と平和を訴える著作に対して、ノーベル文学賞が与えられた。哲学的には、記号論理学や数学による論理学の基礎づけなどに貢献した。

『論理哲学論考』

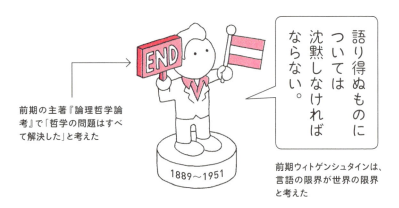

前期の主著『論理哲学論考』で「哲学の問題はすべて解決した」と考えた

語り得ぬものについては沈黙しなければならない。

1889〜1951

前期ウィトゲンシュタインは、言語の限界が世界の限界と考えた

ルートヴィヒ・ウィトゲンシュタイン

LUDWIG WITTGENSTEIN ▶P270〜276

オーストリア生まれの哲学者。分析哲学や言語哲学の形成と発展に決定的な影響を与えた。父はオーストリア・ハンガリー帝国の鉄鋼王。ベルリンの工科大学で航空工学を学ぶが、関心は数学や論理学にあり、ケンブリッジ大学ではラッセルに師事。兄4人のうち3人が自殺、自身も志願兵になったり小学校教員になったりと数奇な人生を送った。

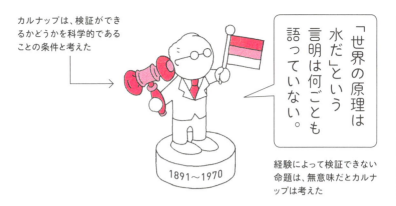

ルドルフ・カルナップ

RUDOLF CARNAP　　　　　　　　　　▶P278

ドイツ出身の哲学者。論理実証主義の代表格の1人。フライブルク大学、イェーナ大学で、哲学と数学、物理学を学ぶ。1926年から1931年にかけてウィーン大学の私講師となるとともに、論理実証主義を掲げるウィーン学団に加入。その後、ナチスの迫害を逃れるため、アメリカに亡命し、シカゴ大学、カリフォルニア大学で教鞭をとった。

カール・ポパー

KARL RAIMUND POPPER　　　　　　　▶P280

オーストリア生まれのイギリスの哲学者。科学哲学、政治哲学の分野で今なお大きな影響を及ぼしている。ウィーンのユダヤ人家庭に生まれ、ウィーン大学で哲学の博士号を取得。その後、ナチスの侵攻を逃れるために、ニュージーランドに移った。戦後はイギリスに住み、ロンドン・スクール・オブ・エコノミクス教授をつとめた。

主著『科学革命の構造』

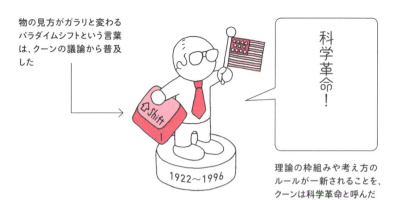

物の見方がガラリと変わるパラダイムシフトという言葉は、クーンの議論から普及した

科学革命！

理論の枠組みや考え方のルールが一新されることを、クーンは科学革命と呼んだ

トマス・クーン

THOMAS SAMUEL KUHN　▶P282

アメリカのオハイオ州でドイツ系ユダヤ人の土木技師の子として生まれる。ハーバード大学で物理学を学び、博士号を習得。ハーバード大学、カリフォルニア大学、プリンストン大学を経て、1979年にマサチューセッツ工科大学（MIT）科学史・科学哲学教授に就任。クーンの唱えたパラダイムの概念は、科学史以外の分野でも広く用いられている。

主著『現象学の理念』『ヨーロッパ諸学の危機と超越論的現象学』『イデーン』

必死にナイフで鉛筆を削っているうちに、削りすぎて鉛筆がなくなってしまったというエピソードがある

事象そのものへ！

先入見を排除して、意識にあらわれるがままの事象を探求する態度をさす

エドムント・フッサール

EDMUND HUSSERL　▶P246～254

ドイツの哲学者で、現象学の祖。オーストリア（現在はチェコ）のユダヤ人家庭に生まれる。ウィーン大学在籍時に、数学研究から哲学に転じた。フライブルク大学退官後の後任にはハイデガーを指名。ナチス政権下ではユダヤ系学者として教授資格剥奪、大学立入禁止、著作発禁などの迫害を受けたが、膨大な草稿はナチスの検問を逃れて保管されていた。

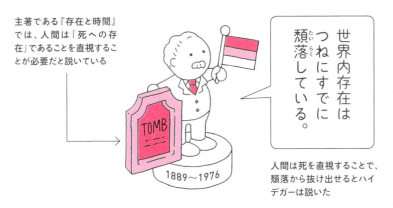

主著である『存在と時間』では、人間は「死への存在」であることを直視することが必要だと説いている

世界内存在はつねにすでに頽落している。

人間は死を直視することで、頽落から抜け出せるとハイデガーは説いた

主著 『存在と時間』『ヒューマニズムについて』『技術への問い』

マルティン・ハイデガー
Martin Heidegger ▶P256〜262

ドイツの哲学者。ドイツのメスキルヒで教会の樽職人の長男として生まれる。フライブルク大学で、神学と哲学を学び、フッサールの現象学を継承した実存の哲学を展開。マールブルク大学での教え子であるハンナ・アーレントとは愛人関係にあった。1933年にフライブルク大学総長となったが、ナチスを支持したため、戦後、一時追放された。

夫人がユダヤ人であることを理由に、ナチスから離婚を求められたが拒絶したため、教職を追放された

哲学の根本的態度は「愛の戦い」の中にある。

ヤスパースは、人間同士の実存的な交わりを可能にする点に哲学の意義を求めた

主著 『哲学』『哲学入門』『精神病理学原論』

カール・ヤスパース
Karl Jaspers ▶P264

ドイツの精神科医、哲学者。裕福な銀行家を父として生まれた。大学で法律を学んだが、やがて医学部に移り、卒業後、精神科医としてハイデルベルクの精神病院に勤務する。1914年、ハイデルベルク大学心理学私講師となった後に哲学に転じ、21年から同大学哲学教授。ナチス政権成立後、同大学を追われたが、戦後、復職し副総長もつとめた。

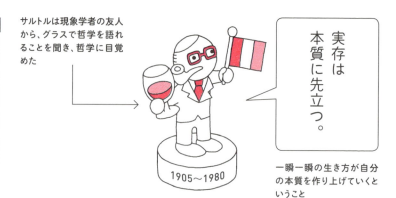

主著『存在と無』『実存主義とは何か』

サルトルは現象学者の友人から、グラスで哲学を語れることを聞き、哲学に目覚めた

実存は本質に先立つ。

一瞬一瞬の生き方が自分の本質を作り上げていくということ

1905〜1980

ジャン゠ポール・サルトル

JEAN-PAUL SARTRE　▶P288〜292

フランスの哲学者、文学者。パリの高等師範学校で哲学を学ぶ。第二次世界大戦時には、ドイツ軍の収容所から脱走して、対独レジスタンス活動に参加した。主著『存在と無』や小説『嘔吐』はフランスに実存主義ブームを巻き起こし、日本でも絶大な人気を誇ったが、60年代、構造主義の台頭とともに、影響力は低下していった。

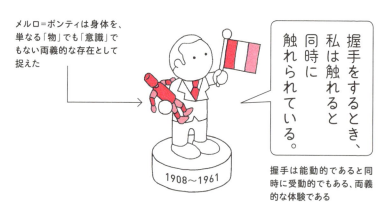

主著『行動の構造』『知覚の現象学』

メルロ゠ポンティは身体を、単なる「物」でも「意識」でもない両義的な存在として捉えた

握手をするとき、私は触れると同時に触れられている。

握手は能動的であると同時に受動的でもある、両義的な体験である

1908〜1961

モーリス・メルロ゠ポンティ

MAURICE MERLEAU-PONTY　▶P294〜296

フランスの哲学者。フランスのロシュフォール生まれ。高等師範学校時代、サルトル、ボーヴォワール、レヴィ゠ストロースらと交流を持つ。『現代』の編集をサルトルとともに担当し実存主義を牽引したが、後にマルクス主義をめぐって決裂。哲学的には、フッサールの強い影響の下、「身体」をテーマとした現象学を構想した。

ホルクハイマーが主導したフランクフルト学派は、ドイツの現代思想を牽引し続けてきた

なぜ人類は、野蛮状態へと落ち込んでいくのか？

1895〜1973

理性や啓蒙がなぜ暴力を生み出すのか。それがホルクハイマーの問題意識だった

『啓蒙の弁証法』（アドルノとの共著）

マックス・ホルクハイマー

MAX HORKHEIMER　　　▶P284

ユダヤ系ドイツ人の哲学者、社会学者。フランクフルト学派の指導者。ドイツ南西部のシュトゥットガルト郊外に生まれる。1931年、フランクフルト大学社会研究所の２代目所長に就任するが、ナチスによるユダヤ人の公職追放によって、アメリカに亡命。戦中に、アメリカで『啓蒙の弁証法』をアドルノと共同執筆した。戦後は、帰国して研究所を再建した。

人々が対話を重ねて合意に達したものを真理と見なす「真理の合意説」を主張した

近代は「未完のプロジェクト」である。

1929〜

ハーバーマスは、コミュニケーション的理性に近代の可能性を求めた

『公共性の構造転換』『コミュニケイション的行為の理論』

ユルゲン・ハーバーマス

JÜRGEN HABERMAS　　　▶P286

ドイツの社会学者、哲学者。ドイツのデュッセルドルフに生まれ、少年期はヒトラー青年団に属した。1956年にフランクフルト大学社会研究所に入るが、急進的な思想に所長のホルクハイマーから反発され、59年に同研究所を去る。61年からハイデルベルク大学教授に就任。フランクフルト学派第２世代を形成し、国外の哲学者とも活発に交流した。

ハンナ・アーレント
HANNAH ARENDT　　　　　　　　　　▶P287

ドイツのケーニヒスベルクでユダヤ人家庭に生まれる。1924年に入学したマールブルク大学でハイデガーと出会い、愛人関係になる。ナチスによる迫害から逃れるため、33年にフランスに亡命。さらにフランスがドイツに降伏すると、アメリカに亡命した。戦後は、アメリカの大学で教授を歴任。1951年に発表した『全体主義の起源』で世界的な注目を浴びた。

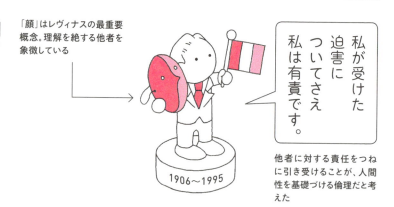

エマニュエル・レヴィナス
EMMANUEL LÉVINAS　　　　　　　　▶P266〜268

フランスの哲学者。ロシア領リトアニアのユダヤ人家庭に生まれた。18歳でフランスに渡り哲学を学び、その後、ドイツのフライブルク大学でハイデガーに師事。第二次世界大戦では、ドイツ軍の捕虜となり、親族のほとんどがユダヤ人収容所で虐殺された。戦後はフランスの大学教授を歴任し、ユダヤ教の経典であるタルムードの研究を続けた。

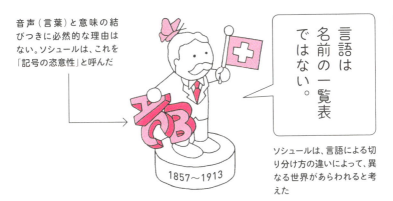

フェルディナン・ド・ソシュール
FERDINAND DE SAUSSURE　▶P242〜244

スイスの言語学者。「近代言語学の祖」といわれる。ジュネーブの名門一家に生まれ、神童ぶりを発揮した。10代にして発表した言語学の論文が注目を浴び、言語学者として順調にキャリアを積み上げるも、後半生は沈黙。死後、弟子たちが出版した講義本『一般言語学講義』は、言語学のみならず、その後の構造主義にも絶大な影響を与えた。

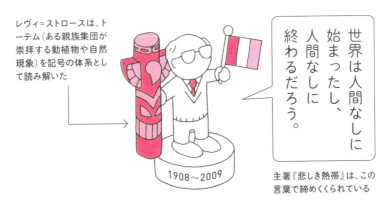

クロード・レヴィ＝ストロース
CLAUDE LÉVI-STRAUSS　▶P298〜300

フランスの文化人類学者。構造主義の中心的人物。ベルギーのブリュッセル生まれ。大学では法学と哲学を専攻するも、ブラジルのサンパウロ大学社会学教授就任をきっかけに、アマゾン川流域のフィールドワークに取り組む。1960年代、思想界のヒーローだったサルトルの実存主義を批判し、構造主義の時代を決定づけた。

主著『アンチ・オイディプス』『千のプラトー』(ガタリとの共著)『差異と反復』

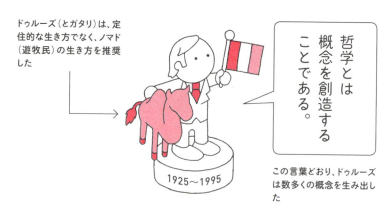

ドゥルーズ(とガタリ)は、定住的な生き方でなく、ノマド(遊牧民)の生き方を推奨した

哲学とは概念を創造することである。

この言葉どおり、ドゥルーズは数多くの概念を生み出した

1925〜1995

ジル・ドゥルーズ
GILLES DELEUZE　▶P324〜328

フランスの哲学者。パリで生まれる。ソルボンヌ大学で哲学を専攻。1948年、哲学の教授資格試験に合格。リセ(高等中学校)の教員などを経て、69年にパリ第8大学教授就任。ヒューム、スピノザ、ベルクソン、ニーチェらを独自に読み解き、「差異の哲学」を構築し、日本の思想界にも大きな影響を与えた。95年、パリのアパルトマンから投身自殺。

236

主著『言葉と物』『知の考古学』『狂気の歴史』『監獄の誕生』

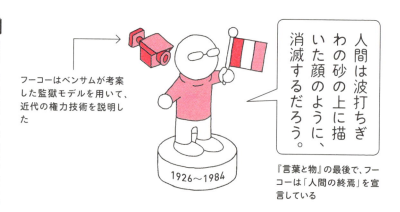

フーコーはベンサムが考案した監獄モデルを用いて、近代の権力技術を説明した

人間は波打ちぎわの砂の上に描いた顔のように、消滅するだろう。

『言葉と物』の最後で、フーコーは「人間の終焉」を宣言している

1926〜1984

ミシェル・フーコー
MICHEL FOUCAULT　▶P312〜316

フランスの哲学者。フランスのポワティエ市に生まれる。少年期に、ドイツ軍のパリ占領、連合軍によるパリ解放を目の当たりにした。高等師範学校に入学するが、同性愛者としての苦悩などから1948年に自殺未遂。66年に出版した『言葉と物』がベストセラーとなり、一躍、構造主義の旗手として注目を集める。84年、エイズで死去。

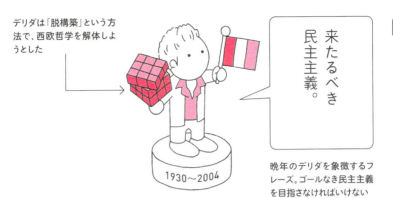

デリダは「脱構築」という方法で、西欧哲学を解体しようとした

来たるべき民主主義。

晩年のデリダを象徴するフレーズ。ゴールなき民主主義を目指さなければいけない

ジャック・デリダ
JACQUES DERRIDA　▶P318〜322

フランスの哲学者。フランス領アルジェリアで、ユダヤ系フランス人家庭に生まれる。高等師範学校に入学。同校の哲学教授を経て、社会科学高等研究院教授を務める。1967年に3冊の著作を刊行し、フランス現代思想界に華々しく登場。80年代以降は政治や法の問題を多く扱い、政治的デリダの側面が強く出ていくようになる。

主著『声と現象』『エクリチュールと差異』『マルクスの亡霊たち』『法の力』

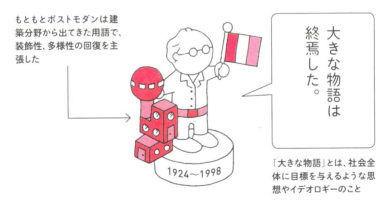

もともとポストモダンは建築分野から出てきた用語で、装飾性、多様性の回復を主張した

大きな物語は終焉した。

「大きな物語」とは、社会全体に目標を与えるような思想やイデオロギーのこと

ジャン＝フランソワ・リオタール
JEAN-FRANCOIS LYOTARD　▶P307

フランスの哲学者。ヴェルサイユに生まれる。ソルボンヌ大学で哲学を学ぶ。1950年代は急進的なマルクス主義者と活動したが、60年代後半からは政治活動から離れていった。その後、パリ第8大学教授を経て、国際哲学院の学院長もつとめた。ポストモダンという言葉が人口に膾炙したのは、リオタールの著作『ポストモダンの条件』によるところが大きい。

主著『ポストモダンの条件』『こどもたちに語るポストモダン』

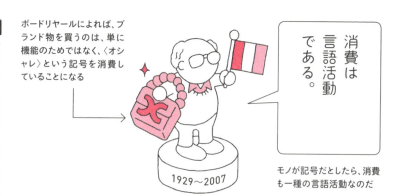

ジャン・ボードリヤール
JEAN BAUDRILLARD　　　▶P308〜310

フランスの社会学者、文芸評論家。ソルボンヌ大学で学び、パリ大学ナンテール校の教授をつとめた。独創的な消費社会論を展開し、経済学、デザイン論、文芸評論など幅広い分野で活躍。日本のバブル絶頂期では、消費社会を読み解く思想家として脚光を浴びた。彼のシミュラークル論は映画『マトリックス』にも影響を与えている。

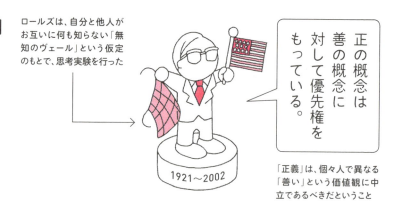

ジョン・ロールズ
JOHN BORDLEY RAWLS　　　▶P302

アメリカの政治哲学者。メリーランド州生まれ。プリンストン大学卒業後、陸軍に入隊し、ニューギニア、フィリピンを経て占領軍の一員として日本にも訪れている。戦後、プリンストン大学で博士号を取り、1953年コーネル大学助教授などを経て、ハーバード大学教授に就任。71年に発表した『正義論』は大きな反響を呼び、世界各国で翻訳された。

ノージックのような「リバタリアン（自由至上主義者）」は、アメリカの富裕層に多い

最小国家。

国家の役割を市民の人身と所有の保護に限定する「最小国家」の思想を構想した

1938〜2002

ロバート・ノージック

ROBERT NOZICK　▶P304

アメリカの哲学者。ロシア系ユダヤ人移民の子として、ニューヨークのブルックリンに生まれる。コロンビア大学で学士号を、フルブライト大学で博士号を取得。1969年からハーバード大学哲学教授。デビュー作『アナーキー・国家・ユートピア』で、リバタリアニズムの立場からロールズを批判し注目を集めたが、分析哲学方面での論文、著作も多い。

サンデルのように共同体を重視する思想的立場を「コミュニタリアン（共同体主義者）」という

負荷なき自己などあり得ない。

サンデルは、共同体の価値から切り離して自己を理解することはできないと考える

1953〜

マイケル・サンデル

MICHAEL J. SANDEL　▶P305

アメリカの政治哲学者。ミネアポリス生まれ。ブランダイス大学卒業後、オックスフォード大学で博士号を取得。1980年からハーバード大学教授。講義の名手としても有名で、ハーバード大学の学部科目「Justice（正義）」は、のべ14,000人を超す履修者数を記録。日本でも「ハーバード白熱教室」の放送で一躍時の人になった。

『第二の性』『老い』

ボーヴォワールは、女性らしさが社会的に作られた約束事に過ぎないことを主張した

人は女に生まれるのではない。女になるのだ。

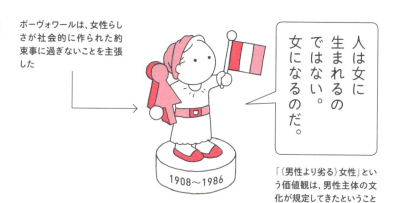

1908〜1986

「(男性より劣る)女性」という価値観は、男性主体の文化が規定してきたということ

シモーヌ・ド・ボーヴォワール

SIMONE DE BEAUVOIR　▶P330

フランスの文学者、哲学者。パリの上流階級に生まれ、ソルボンヌ大学で哲学を学ぶ。卒業後は女子高等中学校で教鞭をとった後、文筆活動に入った。1970年以降はフランスの女性解放運動に積極的に参加し、大きく貢献。サルトルの生涯のパートナーであり、サルトルとともに、反戦・人権擁護の運動で精力的な言論活動を展開した。

『ジェンダートラブル』『自分自身を説明すること』『戦争の枠組』

性の区別が社会的に作られるなら、性の規範を実践的に攪乱させることも可能になる

セックスは、つねにすでにジェンダーである。

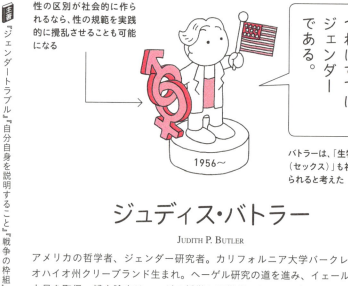

1956〜

バトラーは、「生物学的な性(セックス)」も社会的に作られると考えた

ジュディス・バトラー

JUDITH P. BUTLER　▶P331

アメリカの哲学者、ジェンダー研究者。カリフォルニア大学バークレー校教授。オハイオ州クリーブランド生まれ。ヘーゲル研究の道を進み、イェール大学で博士号を取得。博士論文はヘーゲル哲学と20世紀フランス思想の関係を問うものだった。レズビアンであることをみずから公言し、ポスト構造主義的なフェミニズム論を展開している。

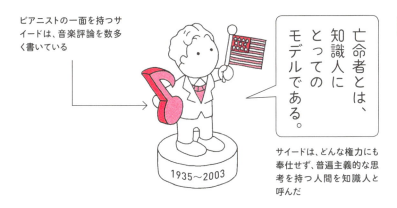

エドワード・サイード

EDWARD WADIE SAID　　　　▶P332

パレスチナ系アメリカ人の文学研究者、文学批評家。英国委任統治下のパレスチナのエルサレム生まれ。プリンストン大学で学士号を、ハーバード大学で博士号を取得。その後、コロンビア大などで比較文学の教授をつとめるとともに、パレスチナ民族評議会の議員を14年間つとめ、米国内でパレスチナの立場を代弁する批評家として活動を続けた。

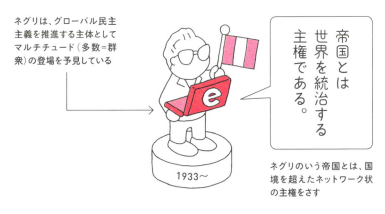

アントニオ・ネグリ

ANTONIO NEGRI　　　　▶P334〜336

イタリアの社会学者・政治哲学者・活動家。イタリアのヴェネト州生まれ。ドイツのイエナ大学で博士号を取得。元パドヴァ大学教授。1970年代末、アウトノミア（労働者自治）運動の理論的指導者としてテロ事件にかかわった容疑で不当に逮捕・投獄される。フランス亡命後の97年に帰国し、みずから下獄。2003年、自由の身になり、旺盛に執筆活動を続けている。

ラング
パロール

文献 -------- ソシュール『一般言語学講義』
メモ -------- 邦訳書では、ラングは「言語」、
パロールは「言」と訳されている

ソシュールは、**言語**を**ラング**と**パロール**という２つの側面に分けて考察しました。**ラング**とは、ある言語の規則や文法のことであり、**パロール**とは個々の発話行為のことです。そして、この**ラング**と**パロール**をあわせた言語活動全体を**ランガージュ**といいます。**ソシュール**の言語学では、**ラング**を分析することに重点が置かれました。

「言語」には3つの意味がある

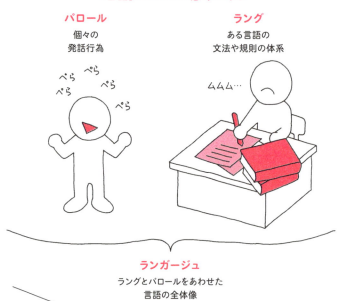

シニフィアン
シニフィエ

文　献 ・・・・・・・・・・・・・・・・・・・・・・・・ ソシュール『一般言語学講義』
メ　モ ・・・・・・・・・・・・・・・・・・・・ 邦訳書では、シニフィアンは「能記」、
　　　　　　　　　　　　　　　　シニフィエは「所記」と訳されている

ソシュールは文字や音声を**シニフィアン**、それからイメージされるものを**シニフィエ**、2つをあわせて**シーニュ**（記号）と呼びます。こう呼びなおすことによって、それまで考えられてきた世界のあり方と異なる、もう1つの世界のあり方が見えてきます（言語の恣意性P244）。

ソシュールは言葉を記号だと考えた

シニフィエ
文字や音声から得る
イメージ
（意味されているもの）

シニフィアン
文字や音声
（意味しているもの）

シーニュ
シニフィエとシニフィアンをあわせたもの
（記号）

言葉をこのように記号と考え直すことによって
新しい世界のあり方が見えてくる
↓
言語の恣意性(P244)へ

言語の恣意性

意　味 ---------- 物と言葉（音声）の結びつきに必然性がないこと
文　献 ------------------------- ソシュール『一般言語学講義』
メ　モ ------ ソシュールの言葉でいえば、シニフィアンとシニフィエの
　　　　　　　結びつきに必然性がない、ということになる

フランス人は蝶も蛾も「パピヨン」という言葉で言い表します。つまりフランス人にとって「蛾」（あるいは蝶）は存在しません。このことで「蛾」という存在があるから私たちはそれに「蛾」という名前をつけているわけではないということがわかります。このように物と言葉の結びつきに必然性がないことを**言語の恣意性**といいます。

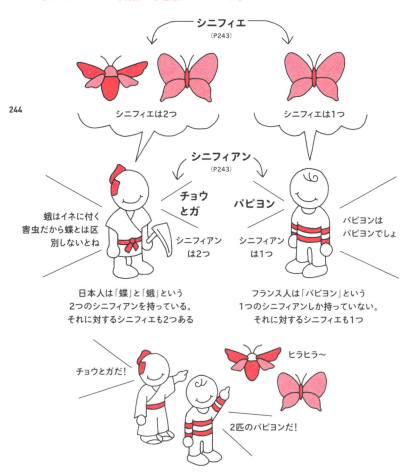

例はほかにもたくさんあります。

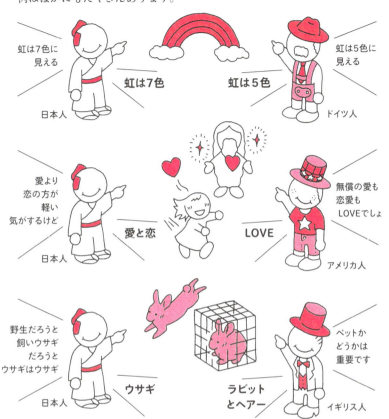

まず一つ一つの要素が存在していて、それに名前が振り当てられているのではありません。私たちが世界を言語で区切ることで一つ一つの要素が存在できているのです。そして私たちはこの言語世界の範囲内で思考しています。言語は思考を伝達する手段だけでなく、反対に思考を決定する原因にもなっているのです。

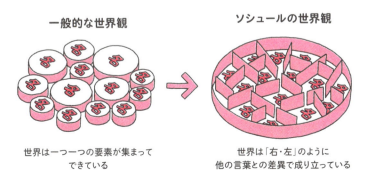

現象学

文　献 ---------------- フッサール『現象学の理念』
　　　　　　　　　　　　　『イデーン』『デカルト的省察』
関　連 ------- 現象学的還元(P248)、エポケー(P250)、志向性(P252)、
　　　　　　　ノエシス｜ノエマ(P253)、間主観性(P254)

リンゴが目の前にあったら、私たちはそのリンゴの存在を疑ったりはしません。ところがよく考えてみると、この場合確かなことは、自分にはリンゴが見えている（自分の意識にリンゴがあらわれている）ことだけであると**フッサール**は気づきます。

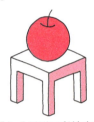

リンゴが見えると、そこにリンゴが存在していると思う

けれどもじつは…
リンゴが自分の意識にあらわれているだけ

それにもかかわらず、リンゴは自分の**主観**の外にあって、なおかつ自分はそのリンゴを見ている（知覚している）、だからリンゴは自分の意識にのぼっているのだと私たちは確信します。

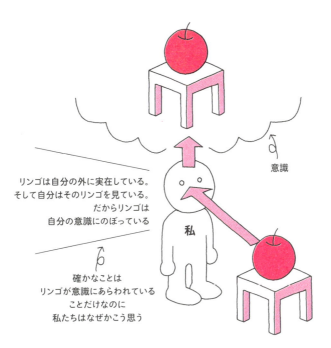

リンゴだけでなく、他人も自分の身体も過去の思い出も、すべては自分の意識の中にあるのであって、意識の外には何もないはずです。世界は自分の主観の中だけに存在し、主観の外にはないのです。なのに私たちは、世界が自分の外に**実在**していることを当り前のように信じています。崖から飛び降りたりしないのはそのためです。

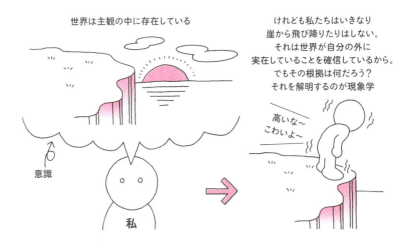

私たちはなぜ世界の実在を**確信**しているのでしょうか？ その確信はどうやって生まれるのでしょうか？ その謎を解明するのが<mark>現象学</mark>です。

現象学的還元

文　献 ── フッサール『現象学の理念』
　　　　　　『イデーン』『デカルト的省察』
メ　モ ── 客観的な世界を「実在」ではなく
　　　　　「現象」として考えるところがポイント

「この世の中はすべて夢かもしれない。世界は本当に実在しているのか？」つまり「見えるものは見えるままに存在しているか」を証明することは不可能です。なぜなら、自分が自分の**主観**の外に出て、自分と世界の両方を眺め、それらが一致していることを確認することができないからです。

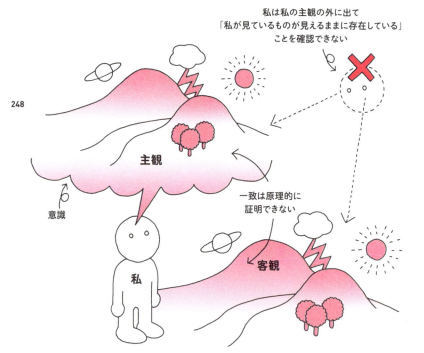

それならば、自分という**主観**と世界という**客観**が一致しているかどうかを証明することではなく、主観と客観が一致していることを私たちが**確信**(世界が実在していることを確信)していることの根拠は何かを調べることが重要だと**フッサール**は考えました。この根拠をつきとめる作業を**現象学的還元**といいます。

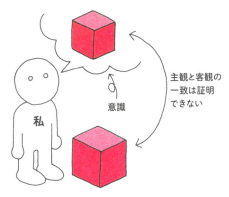

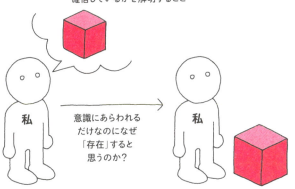

目の前のリンゴの**実在**は単なる思い込みかもしれません。**フッサール**は**エポケー**(P250)という方法で**現象学的還元**を行うと、思い込みの根拠をつきとめられると考えました。

エポケー

意 味	ギリシア語で「判断停止」の意
文 献	フッサール『イデーン』など
メ モ	デカルトの方法的懐疑を応用したものが、フッサールのエポケーである

フッサールは**現象学的還元**(P248)を行うために**エポケー**という方法を提案します。**エポケー**とは、当り前に存在していると**確信**している物事を一旦かっこに入れて疑ってみることです。目の前にリンゴがあったら、私たちはその存在を確信します。なぜ確信するのかをつきとめるために、まずリンゴの存在を徹底的に疑って（**エポケーして**）みましょう。

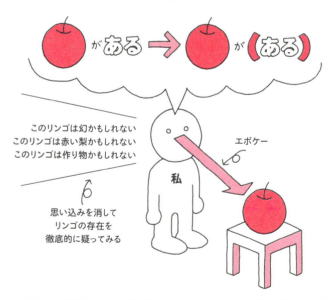

そうすると目の前のリンゴは幻かもしれない。けれども「赤い」「丸い」「良い香り」といった**知覚的な感覚（知覚直観）**と、「おいしそう」「硬そう」といったリンゴに対する知識から来る感覚**（本質直観）**が意識にあることだけは確かなことだとわかります。リンゴの存在は疑うことができても、これらの感覚自体は疑いようがありません。「自分は赤いと感じたけれど、じつは白いと感じたのかもしれない」ということはないはずです。

意識にあらわれたこれらの「赤い」「丸い」「おいしそう」といった感覚はリンゴの一面であってリンゴのすべてではありません。にもかかわらず、これらの直観だけで私たちはリンゴの存在を確信していたのです。

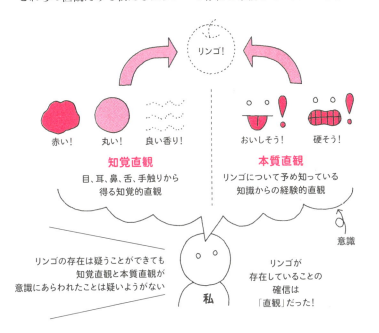

リンゴをエポケーする目的は確信の根拠をつきとめることです。これはリンゴでなくて「道徳」や「法律」などに対しても同じことです。エポケーで物事を一番根本から捉えなおすことが大切だと**フッサール**は考えました。

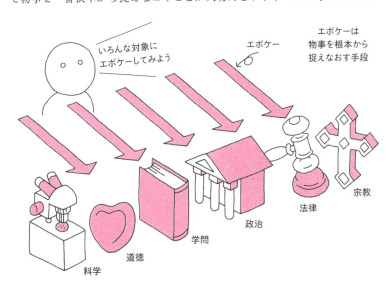

志向性

文　献 -------------- フッサール『論理学研究』『デカルト的省察』
関　連 -------------- 現象学的還元(P248)、ノエシス｜ノエマ(P253)
メ　モ -------------- フッサールは、恩師の哲学者ブレンターノから
　　　　　　　　　　「志向性」という考え方を継承した

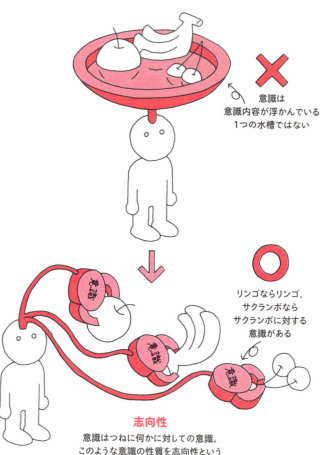

意識は
意識内容が浮かんでいる
1つの水槽ではない

リンゴならリンゴ、
サクランボなら
サクランボに対する
意識がある

志向性
意識はつねに何かに対しての意識。
このような意識の性質を志向性という

意識は様々な意識内容が浮かんでいる1つの水槽のようなものではないと**フッサール**は言います。そうではなくて、たとえば、リンゴならリンゴに対する意識、バナナならバナナに対する意識というように、つねに何かに対しての意識であるといいます。このような意識の性質を**フッサール**は**志向性**と呼びました。

ノエシス｜ノエマ

意　味 ────────────── ノエシス＝意識作用
　　　　　　　　　　　　　　　　　ノエマ＝意識内容
文　献 ────────────── フッサール『イデーン』
関　連 ────────────── 志向性(P252)

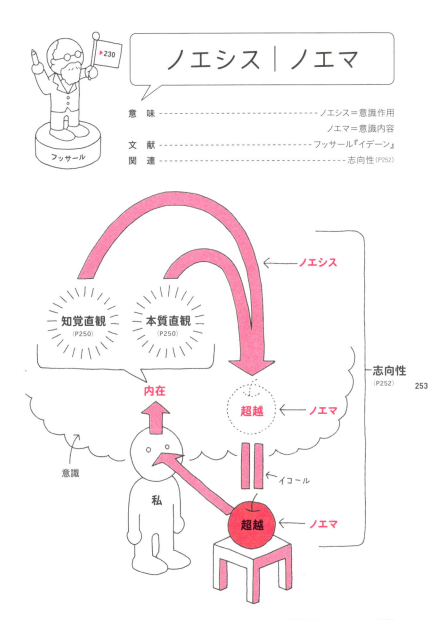

志向性(P252)には**ノエシス**と**ノエマ**という２つの側面があります。**知覚直観**(P250)と**本質直観**(P250)（この２つをあわせて**内在**といいます）をもとに、リンゴなどの対象を意識が構成する**作用**を**ノエシス**、構成されたもの、すなわち意識される対象（リンゴ）を**ノエマ**といいます。また、**内在**は疑うことができないという性質を持っていますが、**内在**から構成されてできたリンゴなどの対象はつねに疑われる余地を残しています（エポケーP250）。このような対象の性質を**超越**と**フッサール**は呼んでいます。

間主観性（かんしゅかんせい）

意　味 ……………… 私も他者も「同じ世界が成り立っている」と
　　　　　　　　　　確信していると、私が確信していること
文　献 ……………… フッサール『デカルト的省察』
関　連 ……………… 現象学的還元(P248)、エポケー(P250)

世界が主観の外に**実在**している保証はどこにもありません。けれども私たちは世界の実在を**確信**しています。なぜなのでしょうか？ **フッサール**が考える私たちが世界の実在を確信するまでの道のりを見てみましょう。

客観的世界ができるまで その1

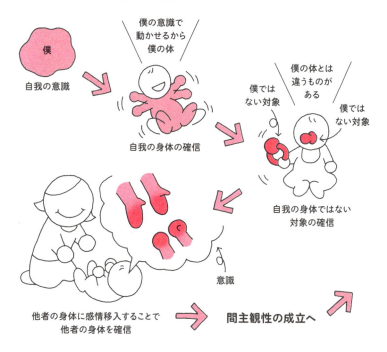

まず**自我の意識**があります。次に自我の意識で動かすことができる**身体**は、「私の身体」として存在していると確信します。次に自我の身体とは別に、自我の身体ではない**対象**があるという感覚を得ます。この場合の対象とは客観的な世界のことではなく、刺激のようなものです。さらに自我と明らかに同じような身体を持った他人に感情移入して、自我ではない他人の自我、すなわち**他我**の存在を確信します。

この他我があることの確信をフッサールは**間主観性**と呼びます。間主観性は、自我にとっての世界と他我にとっての世界は同じものだと確信させます。こうして**客観的世界**が生まれます。

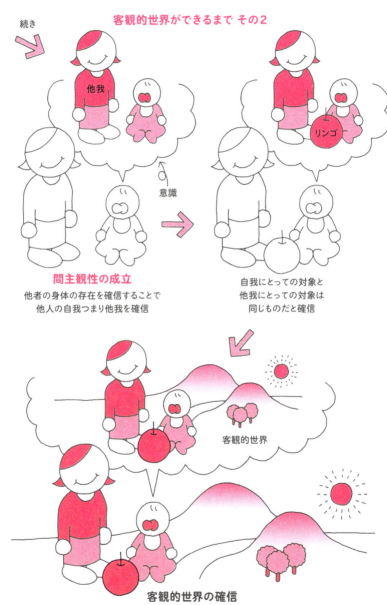

客観的世界の確信は、確信した人にとって実在するのと同じことです。**フッサール**は**間主観性**こそが世界の存在を基礎づけると考えました。

存在論

意　味　　　　　　　　　　　存在するとはどういうことかを
　　　　　　　　　　　　　　探求する哲学の一分野
メ　モ　　　　　アリストテレスは、存在の根本原理を探求する学問を
　　　　　　　「第一哲学」と呼び、学問の最上位に位置づけた

ハイデガーは、世界を**存在者（ザイエンデス）**と**存在（ザイン）**に分けます。そして、哲学の本来の目的は**存在者（ザイエンデス）**について考えることではなく、**存在（ザイン）**について考えることであると主張しました。

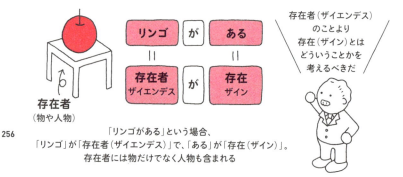

「リンゴがある」という場合、「リンゴ」が「存在者（ザイエンデス）」で、「ある」が「存在（ザイン）」。存在者には物だけでなく人物も含まれる

個々の物の性質ではなく、物が**存在**するとはそもそもどういうことかを考える学問を**存在論**といいます。**存在論はパルメニデス**（P019）によって古代ギリシアで生まれましたが、**認識論**（P133）が主流になると下火になります。**ハイデガー**は**存在論**の復権を宣言しました。

存在論が古くから問題としてきたテーマの例

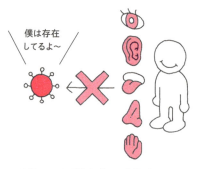

人間にまったく観測できない物質があったら、それは「存在」しているといえるのか？

□に「無」という言葉を入れることができるか？
YES or NO

「存在しないという状態が存在する」とか「無が存在する」ということはありえるか？

到来｜既在

文　献　　ハイデガー『存在と時間』
関　連　　被投性(P261)、死への存在(P262)
メ　モ　　「到来」「現在」「既在」は、実存的な時間概念として説明されている

ハイデガーは、未来を**到来**、過去を**既在**と呼んで**時間**を解釈します。**到来**とは、あるべき自分をめざす可能性であり、**既在**とは、これまでの自分を引き受けることです。彼にとって時間は私たちの外側を私たちと関係なく流れているものではありませんでした。

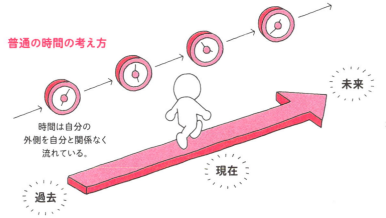

普通の時間の考え方

時間は自分の外側を自分と関係なく流れている。

過去　現在　未来

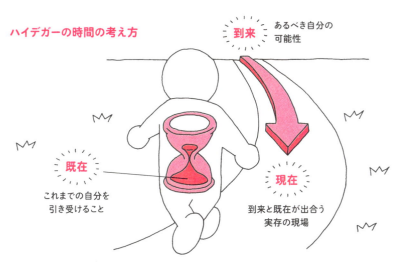

ハイデガーの時間の考え方

到来　あるべき自分の可能性

既在　これまでの自分を引き受けること

現在　到来と既在が出合う実存の現場

現存在 ダー・ザイン

文　献 ── ハイデガー『存在と時間』
関　連 ── 実存主義(P185)、世界-内-存在(P259)
メ　モ ── 現存在(人間)が、自分の生き方を吟味し、了解しながら生きるあり方をハイデガーは「実存」と呼ぶ

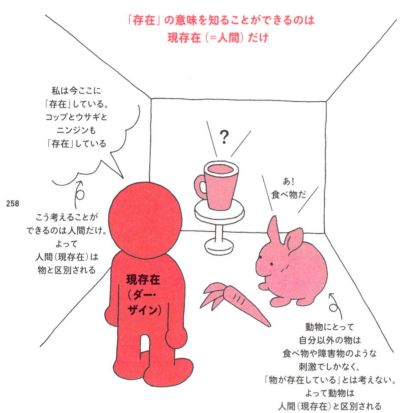

人間と物や動物の違いは何でしょうか？　人間も物も動物も**存在者（ザインデス）**（P256）ですが、自分や物のことを「存在している」と考えることができるのは人間だけです。**ハイデガー**は、ただ存在しているだけの物に対して、「存在する」という概念を理解できる存在という意味を込めて、人間のことを**現存在（ダー・ザイン）**と呼びました（「ダー」の意味は英語で There is の There。ザインの意味は「存在」。There を意識できる存在という意味で人間のことを**ダー・ザイン**と呼ぶ）。

世界-内-存在

文　献 -------------------------------- ハイデガー『存在と時間』
関　連 -------------------------------- 現存在(P258)
メ　モ ------- 「世界-内-存在」は、現存在(人間)の条件と考えると
　　　　　　　　　　　　　　　　　　　　理解しやすい

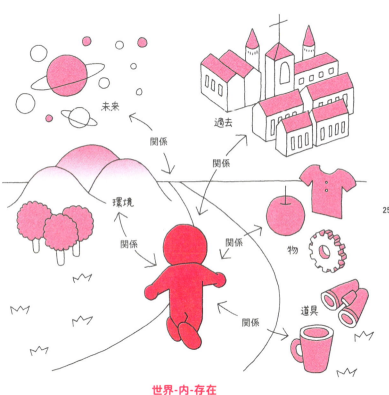

世界-内-存在
人は物心ついたときから世界(道具、環境、時間など)を解釈し、
世界と関係しながら存在している。
このような人間ならではの存在のあり方を
「世界-内-存在」とハイデガーは呼んだ

ハイデガーによると、何かが「存在する」という概念は人間特有のものです(現存在P258)。世界はこれらの概念によって作り上げられています。世界とは人間の解釈にほかなりません。そして人間はつねに世界を解釈しながら生きています。このような人間ならではの存在のあり方を**世界 - 内 - 存在**といいます。

世人（せじん）ダス・マン

文　献 ………………………… ハイデガー『存在と時間』
メ　モ ………………………… ハイデガーは、日常に埋没するような生き方を
「頽落」と呼び、そういう生き方をする人々を
「世人（ダス・マン）」と呼んだ

現存在のあり方は
本来性と非本来性の
2つに分かれる

現存在
（P258）

 非本来性

世人は日常の出来事に気を奪われ、世間の中に埋没している。みんなと同じ意見を言い、同じ行動をする「誰でもない人」

 本来性

いつかはやってくる自分の死を自覚している。そしてその日が来るまで、自分らしい生き方をする決意をしている人

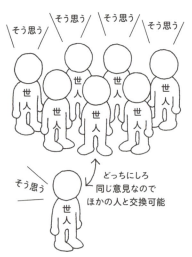

ハイデガーは、現存在（P258）のあり方を**本来性**と**非本来性**の2つに分けます。このうち、非本来性を生きる人間を**世人（ダス・マン）**と呼びます。世人とはみんなの意見に左右され、みんなと同じような行動をとる人、つまり世間の中に埋没している人のことです。

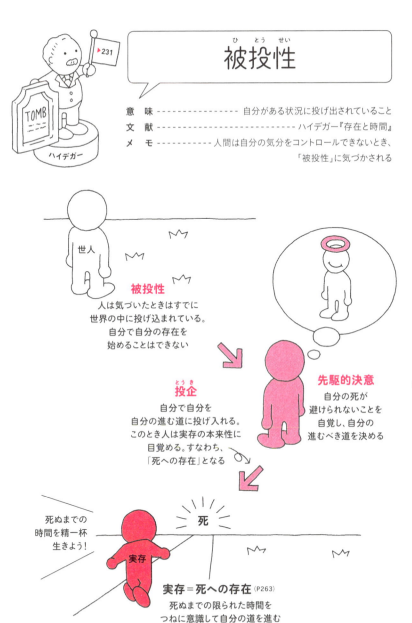

被投性（ひとうせい）

意　味 — 自分がある状況に投げ出されていること
文　献 — ハイデガー『存在と時間』
メ　モ — 人間は自分の気分をコントロールできないとき、「被投性」に気づかされる

被投性
人は気づいたときはすでに世界の中に投げ込まれている。自分で自分の存在を始めることはできない

投企（とうき）
自分で自分を自分の進む道に投げ入れる。このとき人は実存の本来性に目覚める。すなわち、「死への存在」となる

先駆的決意
自分の死が避けられないことを自覚し、自分の進むべき道を決める

死ぬまでの時間を精一杯生きよう！

実存＝死への存在（P263）
死ぬまでの限られた時間をつねに意識して自分の道を進む

人は自分から自分の**存在**を始めることはできません。物心ついたときにはすでに存在しています。このすべての人に共通する状態をハイデガーは**被投性**と呼びます。やがて人はいつかは死ぬことを自覚し、死までの限られた時間の中、自分の道を進む決意（**先駆的決意**）をします。**先駆的決意**によって自分の可能性に自分を投げ入れることを、**ハイデガー**は**投企**と呼びます。

死への存在

文　献 ー ハイデガー『存在と時間』
メ　モ ー ハイデガーは「死」の特徴として、交換不可能性、確実性、無規定性（いつ訪れるかわからない）、没交渉性（他者と関わらない）、追い越し不可能性をあげている

人間は死から逃れることはできません。そして、人間だけが自分に死が訪れることを知っています。死は恐怖以外の何物でもありませんが、通常私たちは日々の雑用に気を取られ、死の不安から目を背けて暮らしています。

けれども自分の死と真剣に向き合ったとき、人は自分の使命を確信し、それに向かって進む決意をすると**ハイデガー**は言います。

この段階で人は**実存**(P185)の本来性に目覚めます。**ハイデガー**にとって**実存**とは自分に残された時間の有限性を自覚している**死への存在**のことなのです。

実存＝死への存在
死ぬまでの限られた時間を
つねに意識して自分の道を進む

ハイデガーはつねに自分の死を念頭に置き、今の自分から死ぬまでを**全体**と考えました。この考えは、自分の存在自体も全体の一部となってしまう恐れがあります。**ハイデガー**は一時期ナチスに入党していましたが（1年で脱退）、彼の思考はどこかでナチスの**全体主義**(P287)に通ずるものがあったのかもしれません。

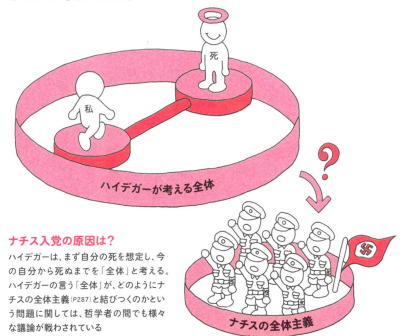

ナチス入党の原因は？

ハイデガーは、まず自分の死を想定し、今の自分から死ぬまでを「全体」と考える。ハイデガーの言う「全体」が、どのようにナチスの全体主義(P287)と結びつくのかという問題に関しては、哲学者の間でも様々な議論が戦わされている

限界状況

▶231

文　献 ------ ヤスパース『哲学入門』
関　連 ------ 実存主義(P185)
メ　モ ------ 包括者という神との出会いで実存に目覚める
　　　　　　　ヤスパースの哲学は、有神論的実存主義といわれる

人間は物のようにただ**存在**するのではなく、**実存**(P185)として生きています。**ヤスパース**は、人が真に**実存**する（自分らしくなる）瞬間は**限界状況**に立たされたときだと考えました。限界状況とは死、罪、戦争、偶然の事故など、科学で解明したり、技術で解決したりできない人生の壁をさします。

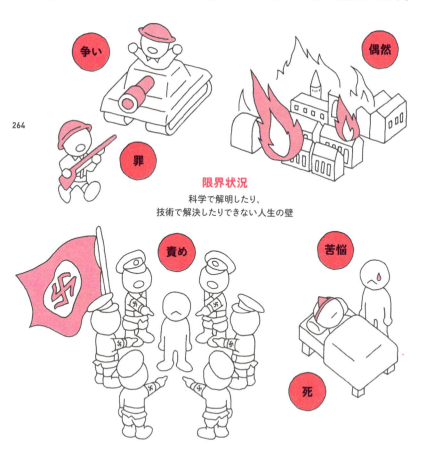

限界状況
科学で解明したり、
技術で解決したりできない人生の壁

限界状況で人は自分の**有限性**を思い知ることになります。

けれども**限界状況**による真の挫折を経験したとき、その悲しみのすべてを包み込む神のような存在である**包括者（超越者）**に出会います。この出会いで初めて人は真の**実存**に目覚めるのです。

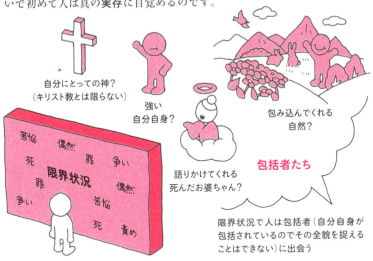

けれども**限界状況**は包括者に出会うだけでは乗り越えられません。同じく**限界状況**の中にいる孤独な**他者**とお互いに真の自分をぶつけ合う**実存的交わり（愛しながらの戦い）**が必要だと**ヤスパース**は言います。

ヤスパースは妻がユダヤ人だったため大学教授の職を追われます。その後、強制収容所への送致に対し、2人で自宅に立てこもります。もはや2人で自殺するしかなくなった寸前に戦争が終焉に向かい、助かりました。**ヤスパース**とその妻も**実存的交わり**によって**限界状況**を乗り切ったのです。

イリヤ

文　献 ---------- レヴィナス『実存から実存者へ』『全体性と無限』
メ　モ ---------- フッサールの「間主観性」では他者の他者性を取り逃がしてしまう。この課題を乗り越えたのがレヴィナスの他者論だ。尚、イリヤとはフランス語でil y aと書き、「〜がある」の意

ユダヤ人であった**レヴィナス**の家族、親戚、知人のほとんどがナチスに殺されてしまいました。**レヴィナス**だけは何とか強制収容所から帰還したものの、すべてを失います。それでもなお世界は何ごともなかったようにそこに**存在**していました。

ユダヤ人であったレヴィナスの親戚、
知人のほとんどが殺されたが、
世界は何ごともなかったように存在した。
レヴィナスにとって自分を含めたこの世の存在こそ、
ありえないものだった

すべてを失ったのに、まだ**存在**している……。一体何が**存在**しているのでしょうか？　**レヴィナス**はこのような**主語無き存在**を**イリヤ**と呼んで恐れました。

自分中心の世界を創り上げれば、**イリヤ**の孤独から逃れられるのでしょうか？

答えは否です。自分中心の世界を創ったとしても、**イリヤ**の孤独から抜け出すことはできません。なぜなら結局それは、自分が理解できるものの範囲で世界を構築しているだけだからです。

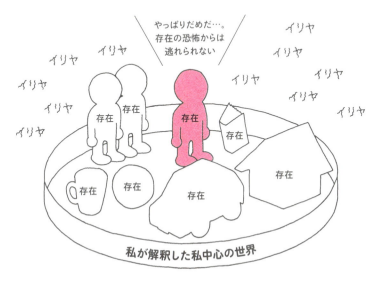

おそろしい**イリヤ**から抜け出すことは不可能なのでしょうか？ **レヴィナス**は他者の顔(P268)にその道を見いだします。

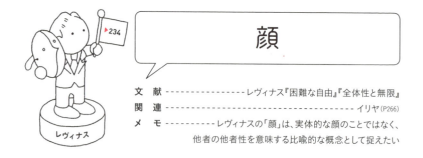

顔

文　献 ------------- レヴィナス『困難な自由』『全体性と無限』
関　連 ---------------------------------- イリヤ(P266)
メ　モ --------- レヴィナスの「顔」は、実体的な顔のことではなく、
　　　　　　　他者の他者性を意味する比喩的な概念として捉えたい

自分の解釈の中にすべてを取り込んで、自分中心の世界を創っても**イリヤ**(P266)の恐怖から抜け出ることはできません。

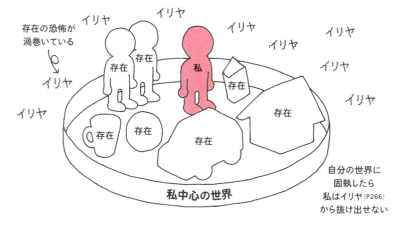

レヴィナスにとって**イリヤ**から抜け出す鍵は**他者**の**顔**でした。もし、**他者の顔**が**「汝、殺すなかれ」**と訴えてきたら、人は**理性**からではなく、無条件で**他者**に倫理的な**責任**を負わざるをえなくなります。人は**自律**(P169)などできないのです。

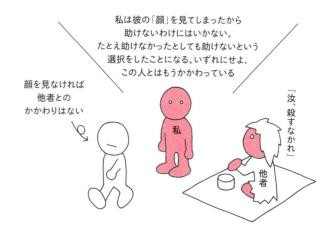

他者とは自分の解釈した世界に取り込めない、その外側にいる**無限**の存在です。その**顔**と関係した時、言い換えるとその顔に**責任**を負ったとき、人は**イリヤ**の恐怖が渦巻く**全体化**された自分中心の世界を飛び超え、無限の彼方へと向かうことができると**レヴィナス**は考えました。

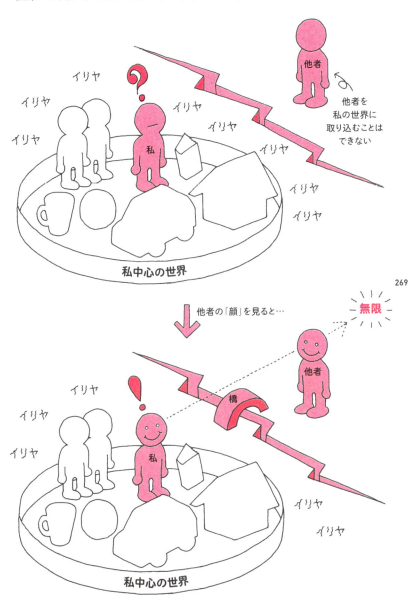

他者は私の世界に取り込めない無限の存在。その「顔」に責任を負うことで私はイリヤの恐怖が渦巻く私の世界から抜け出し、無限へと向かう

写像理論

意味 --------- 言語は世界を写し取ったものであるという考え方
文献 ---------------- ウィトゲンシュタイン『論理哲学論考』
関連 ------ 言語ゲーム(P272)、分析哲学(P276)、論理実証主義(P278)
メモ ---------------- 前期ウィトゲンシュタインの哲学の特徴

ウィトゲンシュタインによると**現実の世界**は一つ一つの**事実**の集まりです。一方、**言語**は**科学的な文**の集まりです。**科学的な文**とは「鳥が木にとまっている」というように1つの**事実**を写し取っている文のことをいいます。**科学的な文**は事実と1対1で対応していて、**科学的な文**と事実は同じ数だけ存在しています。これを**写像理論（像の理論）**といいます。

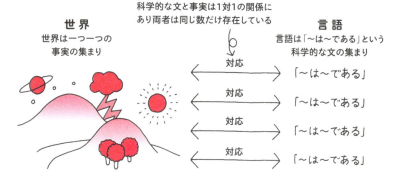

科学的な文は現実の世界を写し取っているわけですから、**科学的な文**をすべて分析すれば、世界のすべてを分析できるわけです。そして一つ一つの**科学的な文**は理論上、確かめることができなくてはなりません。

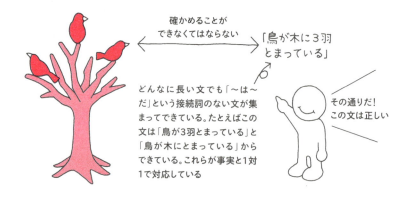

反対に理論上、確かめられない文は、事実との対応からあぶれたものであり、その内容が正しいか否かではなく、言語を誤用していることになります。たとえば、哲学の「神は死んだ」とか「徳は知である」といった確かめられない**命題（文）**は正しい言語の用法ではありません。

つまり、事実と対応しないことは言語化できないのです。**ウィトゲンシュタイン**にとって従来の哲学は、まさにこの言語の誤用で成り立っている学問だったのです。

哲学の真の役割は、言語にできることとできないことの境界を確定することだと**ウィトゲンシュタイン**は考えます。そして言語にできないことに対しては**沈黙**しなければならないと言いました。

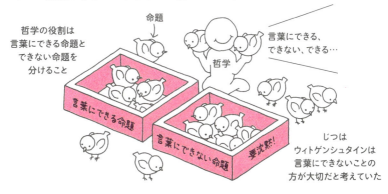

言語ゲーム

文　献 ―――――――――― ウィトゲンシュタイン『哲学探求』
関　連 ―――――――――― 写像理論(P270)、家族的類似(P274)
メ　モ ―――――――――― 後期ウィトゲンシュタインの中心概念。
　　　　　　　　　　　　　写像理論への反省に基づいている

ウィトゲンシュタインは、事実と対応している**科学的**な**言語**を分析すれば、世界を分析することができると考えていました(写像理論P270)。しかしみずからその考えを否定します。なぜなら、**科学的言語**が先にあり、それが**日常会話**に使用されるわけではなく、**日常会話**が先にあり、それから**科学的言語**が体系化されるということに気づいたからです。つまり世界を理解するためには、オリジナルである**日常言語**の方を分析しなくてはならないのです。

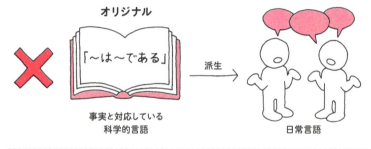

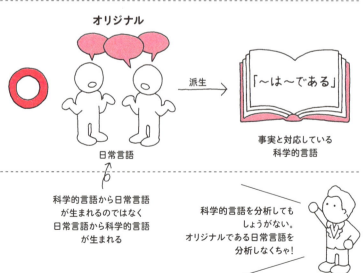

さらに、**日常言語**は**科学的言語**のように、1つの事実に1対1で対応しているわけではありません。「今日はいい天気だ」は、時と場合によっていくつもの意味を持ちます。私たちはこの会話のルールを知っていないと**日常言語**を扱えません。**ウィトゲンシュタイン**はこのような会話の特性を**言語ゲーム**と呼びました。そして**言語ゲーム**のルールは日常生活の中で学ぶしかないと言います。

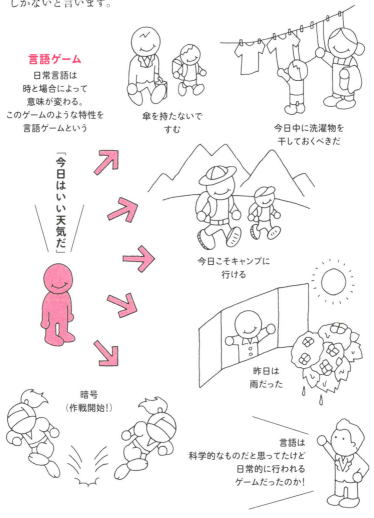

「今日はいい天気だ」などの**日常言語**は、会話の中から取り出してそれだけを分析しても意味を取り違えてしまいます。それが何をさすかを知るためには、実際に日常生活をしながら**言語ゲーム**に参加する必要があります。ただし残念ながら**日常言語**をいくら分析したくても、それを扱う自分自身がその構造の中にあるので、その全貌を捉えることはできません。

家族的類似

文　献 ---------- ウィトゲンシュタイン『哲学探求』
関　連 ---------- 言語ゲーム(P272)
メ　モ ---------- 家族的類似というアイデアは、従来の論理学に大きな転換をせまるものであった

ウィトゲンシュタインは**日常言語**を**言語ゲーム**(P273)というゲームにたとえましたが、「ゲーム」という言葉自体にも明確な定義はないと言います。

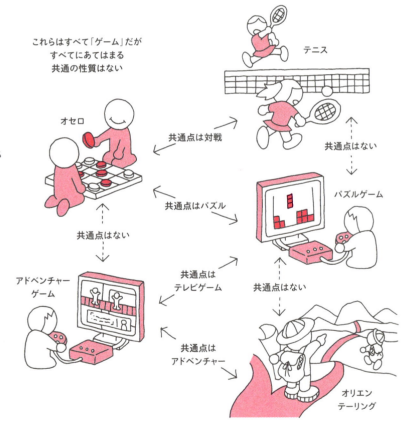

「ゲーム」という**言葉**には非常に緩やかなくくりしかありません。それは、家族の顔に1つの共通した特徴はないけれど、父の耳が兄の耳に似ていて兄の目が母の目に似ていて、母の鼻が妹の鼻に似ているので、総合すると何となくみんな似ているように見える**家族写真**にたとえることができます。

このような、相互の関係で緩やかにくくられた集合体のことを**家族的類似**といいます。

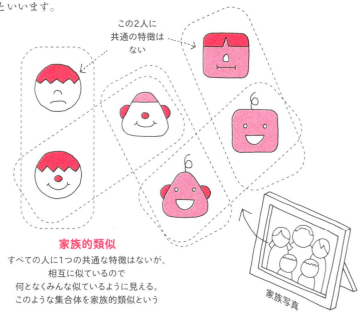

家族的類似の考え方から、1つの集合体には何か共通の性質が存在するとは限らないということがわかります。たとえば世の中にはいろいろな正義がありますが、これらに何か1つの共通した性質があるとは限らないのです。これは**プラトンのイデア**(P046)論の否定にもつながります。

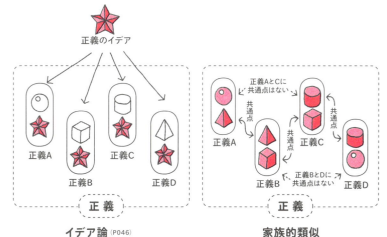

分析哲学

具体例 .... ウィトゲンシュタイン、カルナップ、オースティン
関　連 ...... 写像理論(P270)、言語ゲーム(P272)、論理実証主義(P278)
メ　モ .... 分析哲学は、記号論理学の研究から発展した。
　　　　　　現代の英米哲学では、分析哲学が主流

哲学は古来、「真理」「正義」「神」などを問題としてきました。けれどもこれらはそもそも人間が作り出した**言葉**です。

神に対して神と名づけたわけではなく、
日常の言語活動から神は生まれた

つまり「神」とは何かを考えるのではなく、「神」という言葉がどのような意味で使われているのかを分析すれば、「神」の問題は解決できるということになります。哲学の役割は「〜とは何か」を考えるのではなく言語の意味を分析することだとする哲学を**(言語) 分析哲学**といいます。

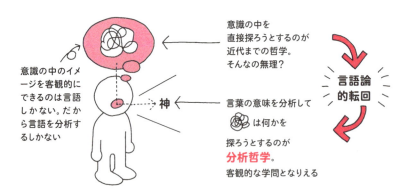

分析哲学は独断的、主観的だった哲学を客観的な言語の問題に転回させました。これを**言語論的転回**といいます。

分析哲学はムーア、フレーゲ、ラッセルの哲学に由来し、**ウィトゲンシュタイン**を経て、現代の英米哲学の主流となっています。

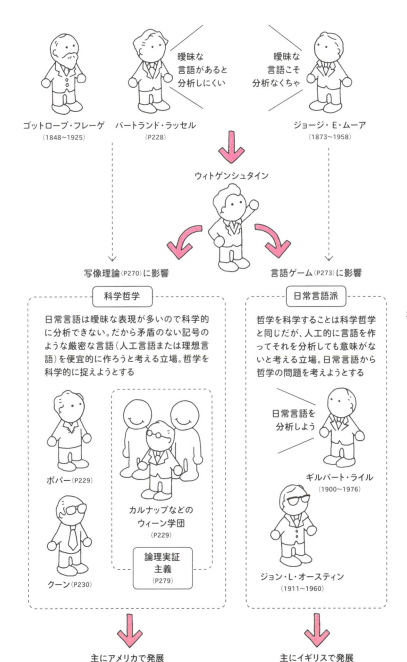

論理実証主義

具体例 ---------- シュリック、カルナップ

メモ ---------- 1920年代末期に、ウィーン大学の哲学者や科学者のグループ「ウィーン学団」によって推進された哲学の革新運動をさす。第二次大戦中から英米に活動の中心が移った

20世紀初頭、相対性理論や量子力学の導入などで自然科学は著しく発展します。そんな中、**マルクス**の**唯物史観**(P203)、**フロイト**の**無意識**(P220)など、根拠が不確かな論理も、あたかも科学のように語られていました。

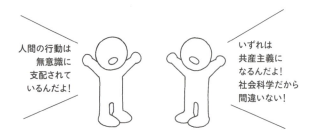

カルナップなどの物理学者や数学者で結成された**ウィーン学団**はこれに危機感を感じます。そこで彼らは、観察や実験などで**検証**できる論理を科学的、できないものを非科学的とする統一規則を作ろうとしました。

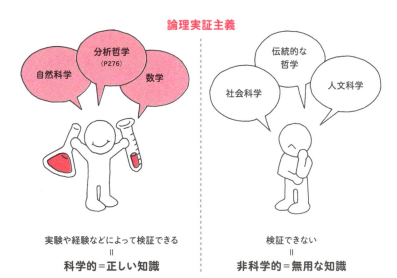

彼らによると、哲学が問題にしてきた「真理とは〜」などは**実証**できない非科学的な論理であり、無用な知識でしかありません。それは**ウィトゲンシュタイン**が指摘したように、間違った言葉の用法にすぎないのです（写像理論P270）。**ウィーン学団**は実証できる「科学的事実」のみを正しい知識とする**論理実証主義**を提唱し、哲学の役割は世界を言葉で説明することではなく、言葉そのものの**分析**（分析哲学P276）のみであるとしました。

けれども実証を科学的な考え方の条件とするのは無理がありました。なぜなら実証による「科学的事実」は新事実が発見されてくつがえされる可能性をつねに持っているからです。実際、ほとんどの「科学的事実」は更新されています。

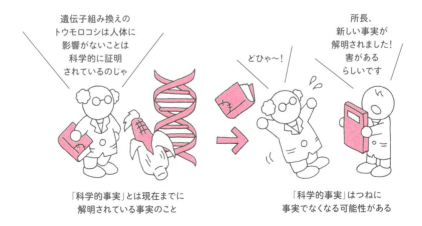

反証可能性

文　　献 ・・・・・・・・・・・・・・・・・・・・・・・・・・・・ ポパー『科学的発見の論理』
関　　連 ・・・・・・・・・・・・・・・・・・・・・・・・・・・・・・・・・・・・・ 論理実証主義(P278)
メ　　モ ・・・・・・・・・・・・・・・・・・・・ 反証可能性の理論は、帰納主義や
　　　　　　　　　　　　　　　論理実証主義への批判として提出された

検証できる論理のみが科学であるという**論理実証主義**(P279)が提唱した考えには重大な欠点がありました。なぜならどんなに完璧な理論でも、たった1つの例外でくつがえされる可能性がつねにあるからです。人が検証によって**科学的理論**を証明することは不可能なのです。

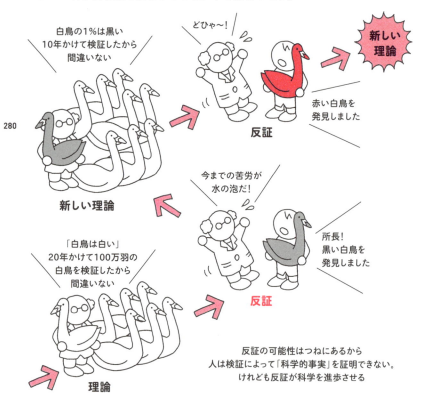

そこで**ポパー**は科学的と非科学的の違いを、**カルナップ**(P229)のように検証できるかできないかではなく、反証できるかできないかで判断しようとしました。この<u>反証可能性</u>が科学的な考え方の条件であり、反証されることによって科学は進歩すると彼は考えました。

カルナップの科学と非科学の区別の仕方
検証可能か否かの区別の仕方だと科学に属する理論はなくなってしまう

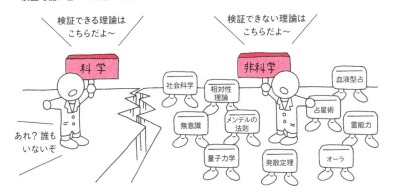

ポパーの科学と非科学の区別の仕方
反証可能か否かの区別の仕方だと科学に属する理論が存在できる

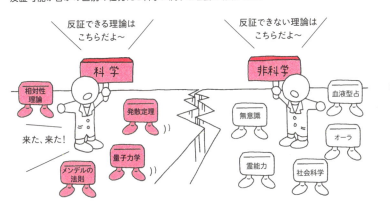

ポパーによれば、科学的な理論は「今のところ反証されていない論理」と言い換えることができます。これに対して疑似科学は、直感や感性で成り立っているので、反証のしようがないわけです。

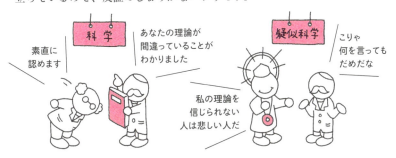

科学者は間違いを素直に認めるが、疑似科学は逃げ道がたくさんある？

パラダイム

意　味	ある時代や分野において支配的な物の見方や捉え方
文　献	トマス・クーン『科学革命の構造』
メ　モ	狭義では、科学者集団が共有している理論的な枠組みのことをいう

科学的知識は観察や実験などの積み重ねによって、だんだんと真実に近づいていると考えられてきました。けれども**クーン**は科学的知識は連続的にではなく**断続的**に変化することに気づきます。

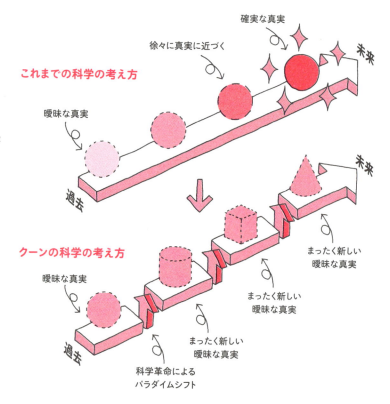

たとえば、それまで定説だった天動説やニュートン力学では説明のつかない事実が次々に発見され始めると、新しい学説である地動説や相対性理論が科学者たちの支持を集めます。そして、それらの新しい学説が知識の標準に変換されます。**クーン**はひとつの時代の**思考の枠組み**を**パラダイム**と名づけ、これが転換されることを**パラダイムシフト**と呼びました。

今日、**パラダイムシフト**という言葉は、科学だけではなく社会学やビジネスなどにも幅広く使用されています。

道具的理性

意　味 ------ ある目的を実現するための手段として用いられる理性
文　献 ------------ ホルクハイマー、アドルノ『啓蒙の弁証法』
関　連 ------------------------------ 対話的理性(P286)
メ　モ ------ 道具的理性は、自然のみならず人間をも支配する

フランクフルト学派のメンバーである**ホルクハイマー**や**アドルノ**はナチスの**ファシズム**やユダヤ人の虐殺に、近代以降続いてきた**理性万能主義**の限界を見て取ります。

そして、そもそも近代の理性は「自然を支配する目的を成し遂げるための道具」として発展してきたことを指摘します(知は力なりP100)。

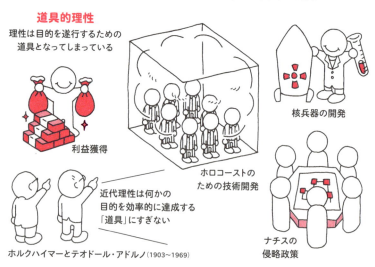

何かの目的を達成するための**道具的理性**は、利益追求に結びつき、ファシズムの政治政策や戦争兵器開発の道具となってしまっているとフランクフルト学派は考えました。

さらに、実証のみを重んじる**科学万能主義**は、現実を部分的に分析するだけで、大きな視点を持たない危険性があるとフランクフルト学派は指摘します。

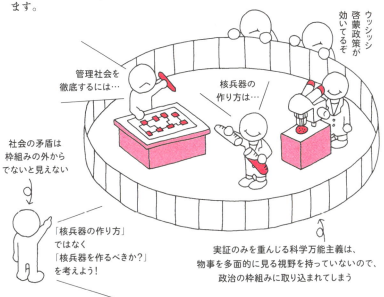

また、フランクフルト学派の心理学者**フロム**は、自由を獲得した近代の人々が自由の孤独に耐えかね、みずからナチスの権力に服従してしまう心理を考察しました。

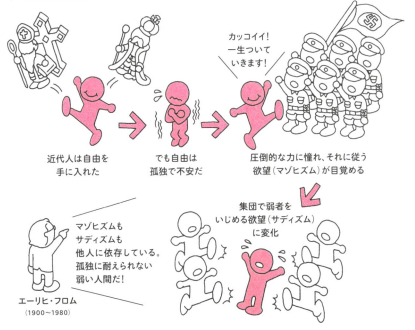

対話的理性 (コミュニケーション)

文　献 ────── ハーバーマス『近代の哲学的ディスクルス』
関　連 ────────────── 道具的理性(P284)
メ　モ ────── ハーバーマスは、ホルクハイマーやアドルノの近代批判
　　　　　という問題意識を継承しながら、理性を積極的に捉えなおした

創成期のフランクフルト学派は**理性**を自然や人間を支配するための道具にすぎないと考えました(道具的理性P284)。けれども、フランクフルト学派の2世代目にあたる**ハーバーマス**は、理性には**対話（コミュニケーション）的理性**もあると主張します。

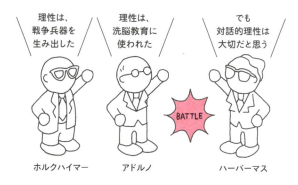

相手に自分の論理を押し付けるための道具として理性を使うのではなく、**対話**することによって、自分の考えを改めることに理性を使うこともできると**ハーバーマス**は考えたのです。ただし対話はお互いに何でも言い合える条件の下で行われる必要があります。

人間はコミュニケーションという理性を持っている。
ただしコミュニケーションは何でも言い合える
上下関係のない条件の下で行われなくてはならない

全体主義

文　献 -------------------------- アーレント『全体主義の起源』
メ　モ -------------------- アーレントの『全体主義の起源』は、第1部「反ユダヤ主義」、第2部「帝国主義」、第3部「全体主義」から構成されている

個人よりも国家、民族、人種などの**集団を優先する思想**を**全体主義**といいます。単独の政党が集団優先の思想を強制するのが特徴です。具体的にはドイツのナチズム、旧ソ連のスターリン主義があります。

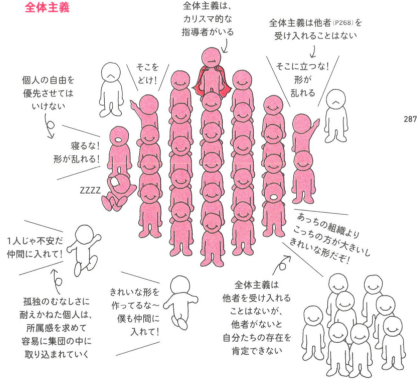

全体主義は、階級社会の崩壊以後、大衆が思想によってつながった結果だと**アーレント**は考えました。人は孤独の不安やむなしさから所属感や一体感を求めます。考えなしに行動すると、民族や人種を基盤とした思想集団に容易に取り込まれてしまうと彼女は主張します。

実存は本質に先立つ

意　味 ------ 自分の本質とはあらかじめ決まっているものではなく、具体的な生き方が自分の本質を作り上げていく、ということ
出　典 -------------------------- サルトル『実存主義とは何か』
関　連 ------- 実存主義(P185)、人間は自由の刑に処されている(P289)

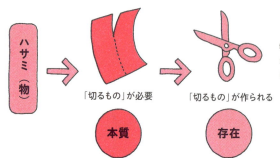

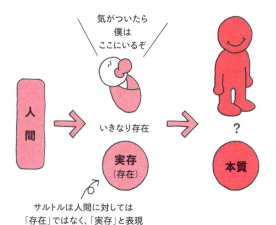

実存は本質に先立つ

人間は気がついたら実存（存在）している。よって本質を後から自分自身で作らなければならない。つまり人間の実存（存在）は本質に先立つ。サルトルは言う。「人間は初めは何者でもない、人間は後から自分で人間になるのである」

サルトルは、実存主義(P185)を**「実存は本質に先立つ」**という言葉で表現しています。ここでいう**実存**とは**人間の存在**という意味です。そして**本質**とは、その物がその物であるためには欠かすことができない条件をいいます。たとえばハサミの本質は「切ることができる」です。この条件がなければハサミに**存在理由（レゾンデートル）**はありません。物は、先に**本質**があり、その後で存在します。けれども人間は気がついたら**実存**しています。したがって後から自分自身で**本質**を作らなければならないわけです。

人間は自由の刑に処されている

出典 ── サルトル『実存主義とは何か』
メモ ── 人間の「主体性」を重視するサルトルの思想は、構造主義の台頭とともに、影響力を失っていった

物には**存在理由**(P288)が先にあるので自由はありません。けれども人間は自分の**存在理由**を自由に作ることができます。何になろうが何をやろうが、その人の自由なのです。ただし、そこには不安と責任がともない、時に大きな重荷となります。**サルトル**はこのことを**「人間は自由の刑に処されている」**と表現します。

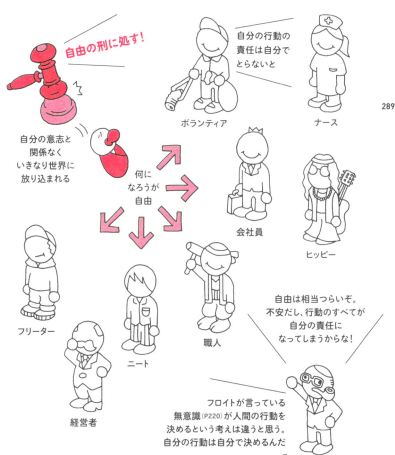

即自存在｜対自存在

文　献 ーーーーーーーーーーーーーーーーー サルトル『存在と無』
関　連　弁証法(P174)、実存は本質に先立つ(P288)、アンガージュマン(P292)
メ　モ　「即自」「対自」という用語は、ヘーゲルの弁証法の基本的概念。
　　　　サルトルはそれをアレンジして使っている

対自存在
人間の意識はつねに
自己自身を意識
しながら
私という本質を
作り上げていく

即自存在
物は
初めから本質として
ただ存在している

サルトルにとって私は初めから存在するものではありません。初めから存在するのは**意識**だけです。その意識が、コップなどの物、過去の自分、他人などと自己自身を区別しながら徐々に**私**を作り上げていきます。

このように、絶えず自己を意識しながら私という本質を作っていく人間のあり方（実存は本質に先立つP288）を**サルトル**は**対自存在**と呼びます。反対に、物のように、初めから本質として固定された存在を**即自存在**と呼びました。

人間（対自存在）はあるところのものでなく、あらぬところのもの

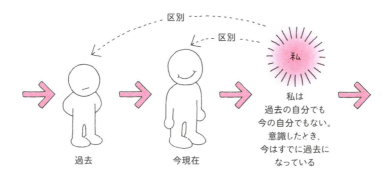

そして**対自存在**は、過去の自分とはもちろん、今現在の自分とも区別します。**私**が意識したときはすでに今を乗り越えているからです。自分の可能性をつねに先取りしているという意味で、人間は「**あるところ**（過去から今まで）**のものでなく、あらぬところ**（未来）**のもの**」なのです。ところがこの無限の可能性、すなわち自由は人を不安にさせます。**サルトル**は、時に人は、他人から与えられた役割を演じることでこの不安から逃れようとしてしまうと考えました。

自分の可能性から逃れて「私はカフェの給仕だ」と他人から与えられた役割を演じて、自分を固定してしまったら即自存在と同じ。他人の視線がそうさせてしまう。もちろん自分の視線も他人をそうさせてしまうことがある

アンガージュマン

意　味	社会参加、自己拘束
文　献	サルトル『シチュアシオン』
関　連	実存は本質に先立つ(P288)
メ　モ	英語ではcommitmentと訳されることが多い

歴史(P176)は理想的な方向へ向かっているとヘーゲルは考えました。そしてマルクスは、資本主義に代わる新しい歴史の登場を予言しました。はたして本当なのでしょうか？ サルトルは積極的に社会に参加し、みずからの手でそれらを実現しようと訴えます。社会に参加することは社会に拘束されることですが、その社会を変えるのも自分たちだとサルトルは言います。彼は社会参加のことをアンガージュマンと呼び、みずからそれを実行していきます。サルトルの活動は日本の全共闘運動など、世界中の社会運動に大きな影響を及ぼしました。

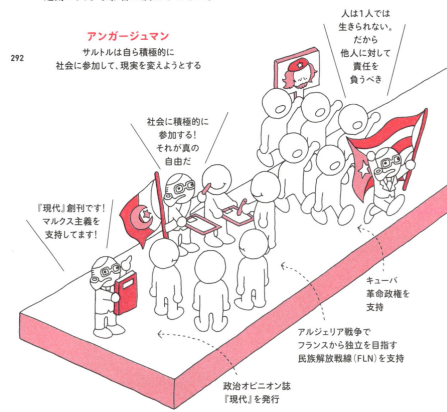

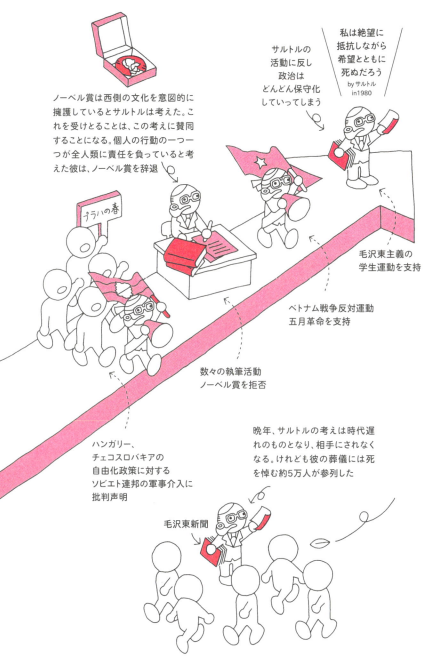

晩年、**構造主義**(P299)の台頭により、**サルトル**の考えは大きな批判にさらされますが、彼は死の直前まで民族解放の活動を続けます。他者に対して責任を負わず、黙って見ていることは、自由を主張した彼にとって不自由以外の何物でもなかったからなのかもしれません。

身体図式

意　味 ……………… 身体が様々な状況の変化に対応していくこと
文　献 ……………… メルロ＝ポンティ『知覚の現象学』
メ　モ ……………… メルロ＝ポンティの身体論は、フッサールの現象学から大きな影響を受けている

自転車に乗っているとき、ハンドルを持つ手やペダルをこぐ足は自分が意識しなくても坂道や障害物に勝手に対応します。なぜ、そのようなことが可能かというと、手足などの身体は、意識とは異なる**独自の意志**を持ち、お互いに連絡をとりあって、行動のための図式を作っているからだと**メルロ＝ポンティ**は考えました。この図式を**身体図式**といいます。

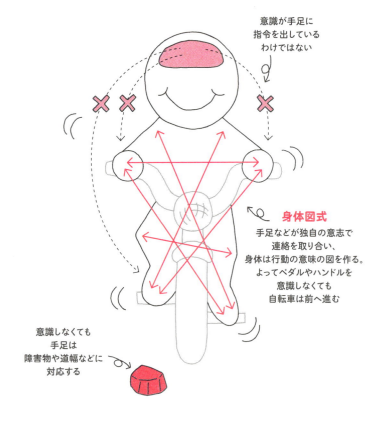

身体図式が無ければパソコンのブラインドタッチや楽器の演奏はもちろん、歩くこともできません。

事故で足を失った人は、存在していないと意識しているはずの足をつい使おうとしてしまいます。それはまだ**身体図式**の更新ができていないからだと彼は言います。けれどもやがて身体は杖を取り入れた新しい図式を作り、うまく歩けるようになります。

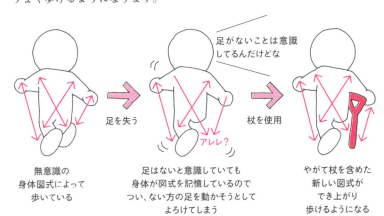

このことから**身体図式**は自分の身体内だけでなく、杖のような道具や身のまわりの物事との間にも作られていることがわかります。**メルロ＝ポンティ**は自分の**身体**こそが自分と物や世界、さらには自分と他者をつないでいると言います。

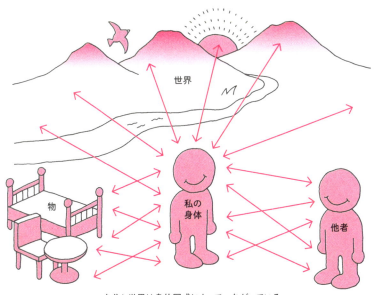

自分と世界は身体図式によってつながっている。
もし大切な人や物事を失ってしまったら
その間にあった複雑で強い身体図式を更新するのに時間がかかる

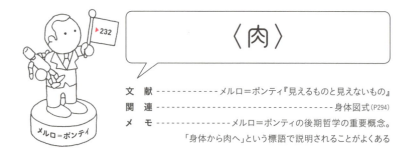

〈肉〉

文献 ----------- メルロ＝ポンティ『見えるものと見えないもの』
関連 ------------------------------ 身体図式(P294)
メモ ----------- メルロ＝ポンティの後期哲学の重要概念。
「身体から肉へ」という標語で説明されることがよくある

私とは私の意識のことであって、私の身体は私ではなく、周りの世界と同じ客体(P113)であると見なすのがデカルト以降の近代哲学の考え方でした(心身二元論P114)。

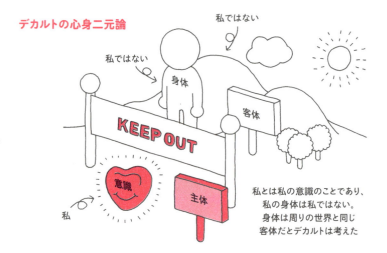

けれども意識は、身体の中にあります。意識は決して空を飛んでいるわけではなく、身体がなければ存在できません。このことからメルロ＝ポンティは身体は客体であると同時に主体でもある両義的なものだと考えました。

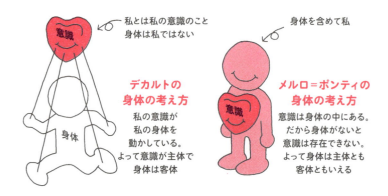

また、私たちがリンゴを見たりリンゴに触れたりするとき、リンゴは私たちに対して客体です。けれどもこのとき、リンゴを見る眼(眼は身体の一部)やリンゴに触れる手は客体ではなく主体だと彼は言います。さらに、眼は他者を見ると同時に他者からも見られています。握手するときも、他者の手をにぎっているとも、他者からにぎられているともいえます。

身体はそれが存在した時点で、主体でもあり客体でもある

メルロ＝ポンティは、身体を「**主体として感じるものでもあり、客体として感じられるものでもある**」と表現します。身体があるからこそ、私たちは世界に触れることができるし、世界は私たちに触れることができます。私たちの意識は身体を通じて世界とつながっているのです。メルロ＝ポンティは身体と世界が接する部分を世界の〈肉〉と呼びました。

身体があるから私は世界の〈肉〉と触れ合える

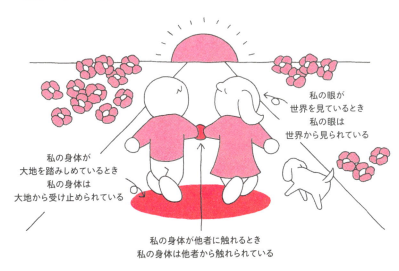

構造主義

意　味 ---------- 人間の言動は、その人間が属する社会や文化の構造によって規定されていると考える思想

具体例 ---------- レヴィ＝ストロース、ロラン・バルト　前期のフーコー

サルトルは、人間は**自由**であり、主体的に行動することが大切だと考えました。けれども**レヴィ＝ストロース**は違いました。

なぜなら、人間の思考や行動は、その根底にある社会的・文化的な**構造**に無意識のうちに支配されていると**レヴィ＝ストロース**は考えたからです。彼は**ソシュール**の**言語学**（言語の恣意性P244）を人間社会に適用して、この考えを導き出しました。

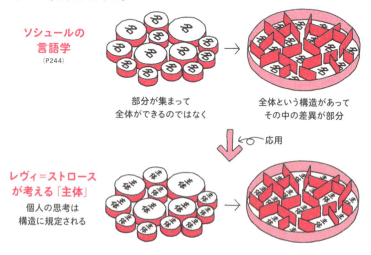

こう考えると人間の主体性は**構造**に規定されることになります。**レヴィ＝ストロース**は、**サルトル**の主体性を強調する考えを、西洋独特の人間中心的な考えだと言って批判しました。

レヴィ＝ストロースはみずから未開部族と行動をともにし、人間と社会構造の関係を調査した

文化人類学者であった**レヴィ＝ストロース**は、いくつもの未開社会の人たちと生活をともにし、人間の行動を規定している**構造**を調査しました。たとえば、ある２つの未開社会同士の間で行われる女性を交換する風習の裏には、**近親婚の禁止**という人類共通の**構造**が見て取れると彼は言います。

人間の行動は構造に支配されている。
片側（未開社会A）からだけ眺めてもそれには気づかない。
西洋にも日本にも女性が嫁ぐ風習があるが
その本当の意味を意識してはいない

未開社会A　女性交換の風習の裏には近親婚の禁止がある　未開社会B

また、２つの未開社会の人たちはお互いに、女性交換の風習の意味を知りませんでした。行動の意味は、一方だけから眺めてもわかりません。物事はつねに**二項対立**(P318)を軸にして捉えるべきだと**レヴィ＝ストロース**は主張します。現象の意味をそれ自体からでなく、それと関係する社会や文化の**構造**から読み取ろうとする考え方を**構造主義**といいます。

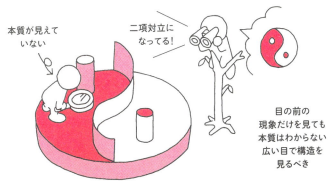

本質が見えていない　二項対立になってる！

目の前の現象だけを見ても本質はわからない
広い目で構造を見るべき

野生の思考

意　味 -------------- 無文字社会で存在する意識されない論理
文　献 ---------------------- レヴィ＝ストロース『野生の思考』
関　連 ------------------------------------ 構造主義(P298)
対義語 -------- 栽培種化された思考、文明の思考、科学的思考

サルトルは、主体的に社会に参加して歴史を進歩させようと主張しました（アンガージュマンP292）。けれども**レヴィ＝ストロース**はこの考えに強く反対します。

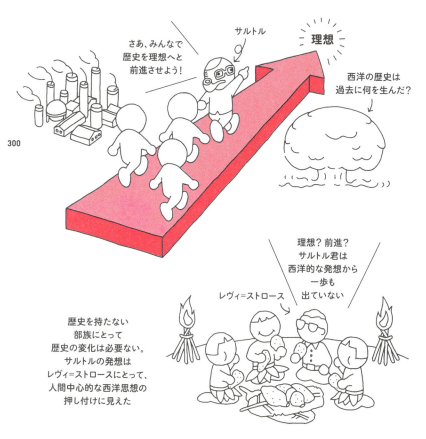

歴史を持たないボロロ族やカリエラ族と生活を共にした文化人類学者の**レヴィ＝ストロース**にとって、**サルトル**の主張は「人間によって歴史は正しい方向へ向かう」という人間中心的な西洋思想の押し付けに見えたのです。

西洋人が設計図をもとに計画的にものを組み立てるのに対して、未開人はその場のあり合わせの材料を使い回す**ブリコラージュ（器用仕事）**でものを組み立てると**レヴィ＝ストロース**は言います。ブリコラージュは決して幼稚な発想ではなく、地球環境や社会の安定を維持するためにはきわめて論理的かつ合理的な手段です。レヴィ＝ストロースは、彼らの思考を、西洋の**文明の思考（科学的思考）**に対して**野生の思考**と呼びました。

文明の思考

設計図をもとに計画的にものを作るエンジニアのような西洋的思考。つねに未来を想定して行動するので、歴史は絶えず変化（進化？）する

野生の思考

設計図がなく、あり合わせの素材をそのまま加工せずにものを作る。必要なときに必要なだけ素材を使用し、終わったらほかのものに流用する。この思考は歴史の変化を遅らせるのではなく、変化そのものをさせない

文明の思考は今、深刻な環境破壊や核兵器を生み出しています。**野生の思考**がブリコラージュの発想で文明の進歩（歴史）を無意識に拒むことには意味があるのです。物事をどちらか一方からではなく**構造的**（構造主義 P299）に考えると、**野生の思考**と**文明の思考**は互いに補完し合うべきものだということが見えてくると**レヴィ＝ストロース**は言います。

リベラリズム

メモ ------- 単なる「自由主義」と訳すと、誤解しやすいので注意しよう。現代のアメリカでは、富の再分配などを通じて経済的な弱者を救済し、福祉国家的な政策を支持する立場をリベラリズムと呼んでいる

社会全体の幸せのために誰かが犠牲になっても仕方がないと考える**功利主義**(P191)は、**リベラリズム**を主張する**ロールズ**にとって、**正義**ではありませんでした。**ロールズは功利主義の弱点を克服するために、自分が男か女か、白人か黒人か、体が健康か不自由かなど、自分の置かれた立場がわからないことが前提となる無知のヴェール**をみんなでかけた状態で、どのような社会を作ればよいかを考えるべきだとしました。

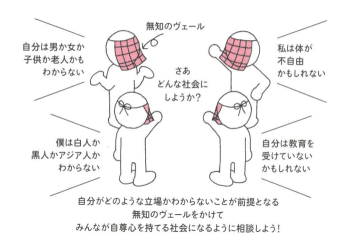

そうすることにより**ロールズ**は、社会正義のための3つの原理を導きだせると考えました。その1つ目は**基本的自由の原理**です、個人の自由は原則的に保障されなくてはなりません。

❶基本的自由の原理

良心、思想、言論の自由は保障されなくてはならない

2つ目は**機会均等の原理**です。たとえ経済的な格差が生まれることになっても公正な競争の機会は平等に与えられなくてはなりません。

❷機会均等の原理

たとえ格差が生まれても競争の自由は保障されなくてはならない

けれども、体が不自由であったり、差別される立場であったり、恵まれない状況であったりする場合、自由競争に参加できるでしょうか？ **ロールズ**は、競争によって生じる格差は、最も不遇な人々の生活を改善するために調整されなければならないという**格差原理**を最後に提示します。

❸格差原理

競争によって生まれた格差は
最も不遇な人々の生活を改善することにつながる
ものでなければならない

リバタリアニズム

意味　　　　　　　　　　個人の精神的自由や経済的自由を
　　　　　　　　　　　　至上のものとして尊重する立場
具体例　　　　　　　　　ノージック、ハイエク、フリードマン
メモ　　　　　ネオリベラリズム（新自由主義）とも重なる部分も多い

ロールズのリベラリズム（P302）に批判を加えたのがノージックです。彼は税金を集めて富を再分配すると、国家権力が肥大化してしまうと考えました。国家はあくまで暴力、窃盗、詐欺などの侵略行為を防ぐにとどまる最小国家であるべきだと彼は言います。福祉的役割は民間のサービスが行う社会が彼の理想でした。このような考えをリバタリアニズム（自由至上主義）といいます。

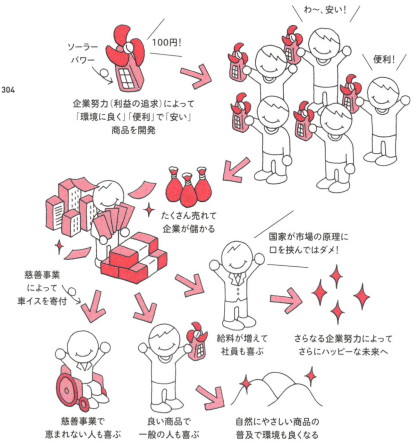

コミュニタリアニズム

▶239

意 味	共同体の道徳や価値を尊重する立場
具体例	マッキンタイア、サンデル
メ モ	コミュニタリアニズムは、リベラリズムに対しても、リバタリアニズムに対しても批判の矢を向けている

自分たちのコミュニティの倫理や**習慣**(エートスP066)を重視する**サンデル**のような考えを**コミュニタリアニズム**といいます。**サンデルはリベラリズム**(P302)を**リバタリアニズム**(P304)とは違ったかたちで否定しました。人は育った環境や周りの仲間などに影響を受けながら個性を育てます。個人の背後にある物語を無視して、**無知のヴェール**(P302)で正義の原理を求める**ロールズ**の思想は**サンデル**にとってあまりにも抽象的でした。

自分のコミュニティの倫理や習慣を
重視して暮らすべきとサンデルは考える。
個人のアイデンティティは育った環境や共に歩んできた仲間と
切り離して考えることはできない

東日本大震災の避難所では、みんなが自分たちのコミュニティのルールに従って行動した。
サンデルはコミュニタリアニズムの精神を避難所の人々に見て取った

ポスト構造主義

デリダなど

意　味　……　フランスを中心に構造主義の後に登場した思想潮流
具体例　……　デリダ、ドゥルーズ、後期のフーコー
メ　モ　……　それぞれの哲学者、思想家が「ポスト構造主義者」と自任しているわけではない

西洋の哲学は、古代ギリシアから**構造主義**(P299)に至るまで、物事を「○○はこうなっている」というように、1つの様式に囲い込んで捉える特徴がありました。このような固定的なものの見方を反省し、新たな哲学を模索した後期の**フーコー、デリダ、ドゥルーズ**などの思想を**ポスト構造主義**（「構造主義より後」という意味）といいます。

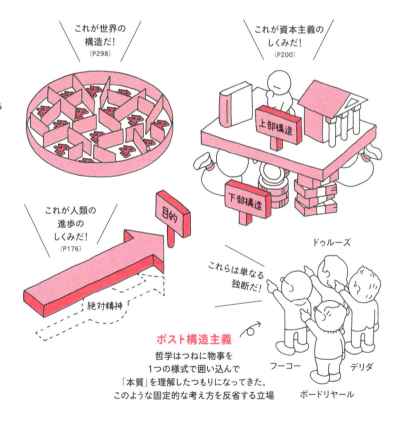

ポスト構造主義
哲学はつねに物事を1つの様式で囲い込んで「本質」を理解したつもりになってきた。このような固定的な考え方を反省する立場

ポスト構造主義の思想に共通の目立った特徴はありませんが、固定的なものの見方を乗り越えようとする点ではある程度の類似性があります。

ポストモダン

文　献　　リオタール『ポストモダンの条件』
メ　モ　　もともとポストモダンは、建築分野から出てきた用語。合理性、機能性を志向するモダニズム（近代主義）に対して、ポストモダニズム建築は装飾性、多様性の回復を主張した

近代の思想は**ヘーゲル**や**マルクス**の思想（歴史P176、唯物史観P203）のように、人類全体の進歩について考えるものでした。**リオタール**はこれを**大きな物語**と呼びます。

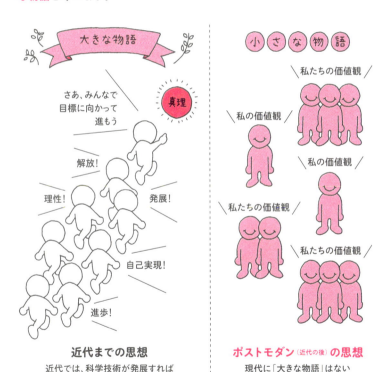

近代までの思想
近代では、科学技術が発展すれば人類は幸せになるなど、「大きな物語」が存在していた

ポストモダン（近代の後）の思想
現代に「大きな物語」はない
多様な価値観を認め合い、共存しなければならない

けれども核兵器の開発や大規模な環境破壊など、近代文明の過ちが明らかになった今、**大きな物語**の時代は終わりました。現代は無数にある価値観を認め合い、共存の道を模索する時代です。**リオタール**はこのような時代のことを**ポストモダン**（「近代の後」という意味）と呼びました。

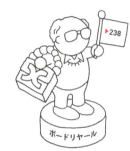

差異の原理

文　献 ------------ ボードリヤール『消費社会の神話と構造』
関　連 ------------ ポストモダン(P307)、シミュラークル(P310)
メ　モ ------------ ボードリヤールの消費社会論は日本でもよく読まれ、マーケティングにも活用された

経済成長を遂げた先進国の消費社会において、人々は商品（物だけでなく、情報、文化、サービスなども含む）を機能ではなく、他者との**差異**を生み出す**記号**（情報）で選ぶと**ボードリヤール**は指摘します。

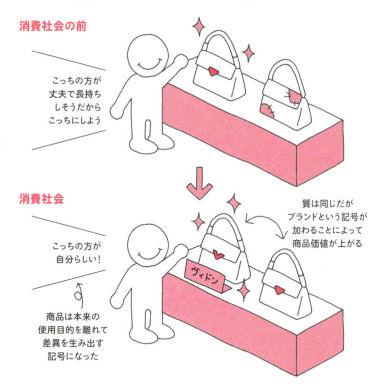

生活必需品の普及が終わったら、商品が売れなくなるわけではありません。その後に訪れる消費社会では、商品の役割は本来の使用目的から、自分の個性や他者との違いをアピールするための記号に変化します。消費社会は、ほかとはわずかに違う商品を次々に作り出し、消費欲を無限に作り続けます。そして人はこの**構造**に取り込まれていくことになるのです。**ボードリヤール**はこのような原理を**差異の原理**と呼びました。

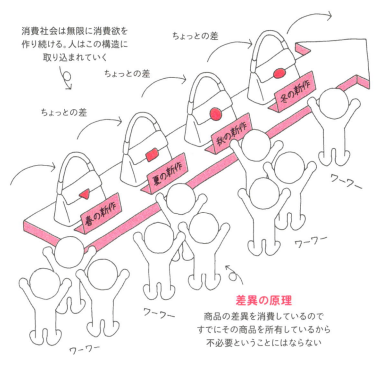

差異を生み出す記号はファッションブランドはもちろん、「健康に良い商品」「レアもの」「エコ／ロハス」「有名人の愛用品」「ヴィンテージ」「会員制／少人数制」「商品の持つ歴史や物語」など多岐にわたります。消費社会において個人の**実体**(P132)は、これら差異への**欲望**となります。

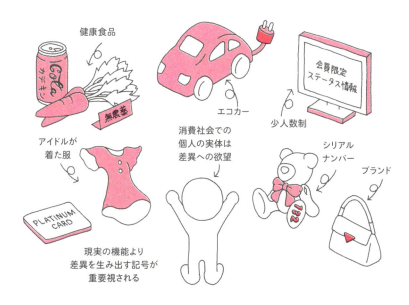

シミュラークル

▶238

意　味	オリジナルとコピーの区別が失われていくこと
文　献	ボードリヤール『シミュラークルとシミュレーション』
関　連	ポストモダン(P307)、差異の原理(P308)
メ　モ	フランス語では「まがいもの」「模造品」の意

記号とは**オリジナル**を代替するためにオリジナルを**模倣**したものです。けれども消費社会では、オリジナルよりも記号、つまり**模像**の方が重要であり（差異の原理P308）、初めから模像の生産が目的です。**ボードリヤール**はあらゆる現実はすべて模像となると予言しました。

オリジナルのない模像

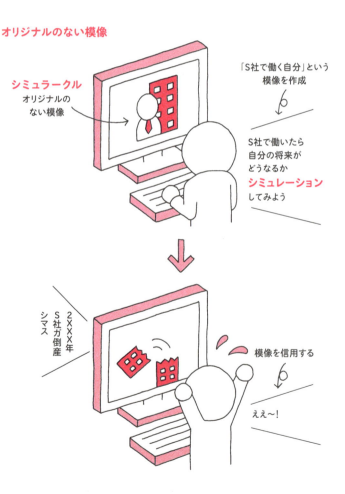

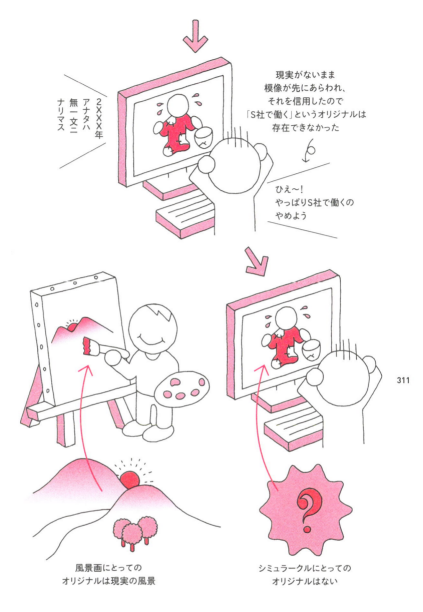

本来、模像にはオリジナルがあります。キャンバスに描いた風景画のオリジナルは現実の風景です。けれども、コンピュータ上に描いた自分の未来にオリジナルは存在しません。**ボードリヤール**はオリジナルのない模像を**シミュラークル**、シミュラークルを作り出すことを**シミュレーション**と呼びました。オリジナルが存在しない以上、その模像は**実体**（P132）となります。**ボードリヤール**はオリジナル（現実）と模像（非現実）の区別がつかない現代のような状態を**ハイパーリアル**と呼びました。

エピステーメー

意味	時代ごとに異なる知の枠組み
文献	フーコー『言葉と物』
関連	人間の終焉(P314)
メモ	古代ギリシアでは「学問的な知識」を意味する

▶236

人の思考は古代から連続して進歩してきたのではなく、各時代に特有なものであると**フーコー**は考えました。たとえば「狂気」に対する人々の考えは近世以前と以降ではまったく異なると彼は言います。

中世(〜16世紀)の「狂気」

近世(17世紀)以降の「狂気」

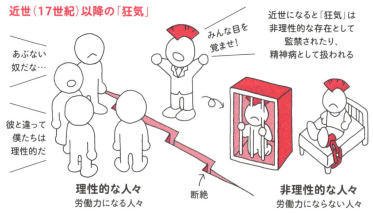

中世において「狂気」は真理を語る存在であり、何かしら神聖なものとして扱われ、人々と共存していました。けれども近世以降の社会構造になると、労働力にならない「狂気」ははっきりと隔離されるようになります。

フーコーはこのような各時代でまったく異なる人々の思考を**エピステーメー**と呼びます。彼は西洋社会を16世紀以前、17〜18世紀、19世紀以降の3つの時代に分けて、それぞれの**エピステーメー**を考察しました。

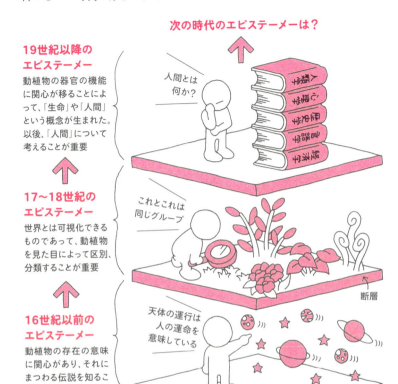

中世の中国の百科事典に書かれた「動物」の項目を見たところ、意味がまったくわからなかったと**フーコー**は言います。これと同じように、**エピステーメー**の違う未来の人類が21世紀の科学の本を読んでも、理解不可能なのかもしれません。

人間の終焉

文　献	フーコー『言葉と物』
関　連	エピステーメー(P312)
メ　モ	「人間」という概念は、近代というエピステーメーの中で誕生した

人々の思考や感情は各時代の**エピステーメー**(P313)に支配されていると**フーコー**は言います。この考えから彼は「人間」という普遍だと思われていた価値も、たかだか19世紀に誕生した最近の発明にすぎないと言います。

「人間」ができるまで

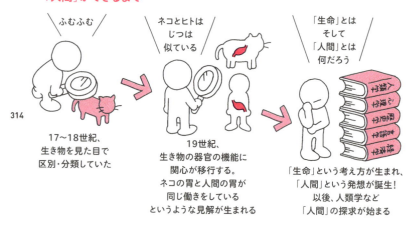

生き物の外見ではなく、器官の機能の研究が始まったのは19世紀です。そこから「生命」という発想が生まれ、転じて「人間とは何か」といった研究がしきりに行われるようになったと**フーコー**は考えました。

けれども彼は**人間の終焉**は近いと断言します。「人間」は自分の意思で主体的に行動しているわけではなく、社会の**構造**(構造主義P299)に縛られていることが明らかになりつつあるからです。

生の権力

▶236

意　味 -------- 人々の生に介入して管理しようとする近代的な権力
文　献 -------------------- フーコー『監獄の誕生』『性の歴史』
対義語 ------------------------------------- 死の権力
関　連 ---------------------------- パノプティコン(P316)

民主主義の時代になって、国王のような絶対的な権力者はいなくなりましたが、民主国家では顔の見えない権力がそれに取って代わっただけであるとフーコーは言います。かつての権力は死刑の恐怖による支配でしたが、民主主義が作り出した権力は恐怖で人々を管理するわけではありません。

18世紀以前・死の権力
絶対的な権力者が死刑の恐怖を与えることによって、民衆を支配する

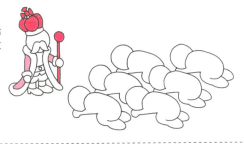

19世紀以降・生の権力
私たちの欲望が作り上げた目に見えない権力。それは私たちを資本主義に適合させるように絶えず監視している。私たちは監視者でもあるし、監視される者でもある

軍隊の訓練で心理的にも身体的にも社会に従順にさせられる

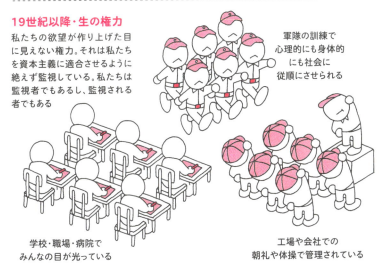

学校・職場・病院でみんなの目が光っている

工場や会社での朝礼や体操で管理されている

民主国家における権力をフーコーは生の権力と呼びます。それは学校や職場などいたるところに存在し、無意識下で私たちを社会に適合するように心理的、身体的に訓練しています(パノプティコン効果P317)。

パノプティコン

文　献 ·· フーコー『監獄の誕生』
関　連 ·· 生の権力(P315)
メ　モ ···· パノプティコンは、功利主義の祖ベンサムが考案したもの。
それをフーコーが権力論として読み解いた

フーコーは民主主義が作り上げた権力を**生の権力**(P315)と呼び、それが私たちの一般常識を作り上げていると考えました。彼は民主国家を**パノプティコン**と呼ばれる監獄にたとえます。その監獄に入れられた囚人は、やがて誰に強制されるでもなくみずから規律に従うようになります。

パノプティコン

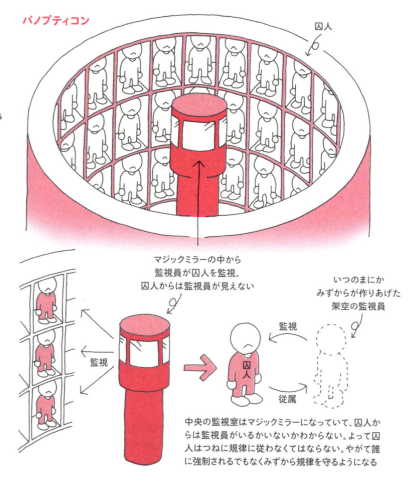

パノプティコンのような原理は学校、会社、病院、街角など日常のいたるところにあります。24時間365日監視して、私たちを無意識のうちに社会の規範に従順な身体に育てていきます。

パノプティコン効果
つねに監視されているという意識から、みずから好んで規律に従うようになる

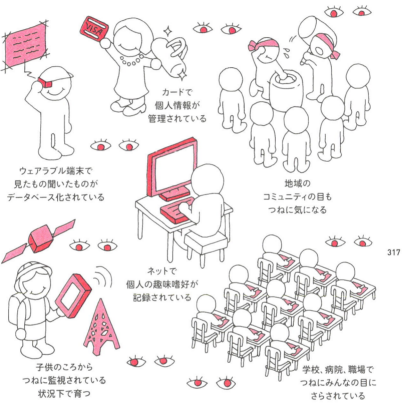

日常の**パノプティコン効果**によって、いつしか人は社会の矛盾に疑問を持つことがなくなります。そして常識から外れた人を、**狂人**として排除していくのです。

二項対立

文　献	デリダ『エクリチュールと差異』『声と現象』『グラマトロジーについて』
具体例	「男／女」「西洋／東洋」「オリジナル／コピー」
関　連	脱構築(P320)、差延(P322)

西洋哲学は「善／悪」「真／偽」「主観／客観」「オリジナル／コピー」「西洋／東洋」「内部／外部」のように、前項が後項よりも優位だと考えられている**二項対立**によって構築されていると**デリダ**は指摘しました。

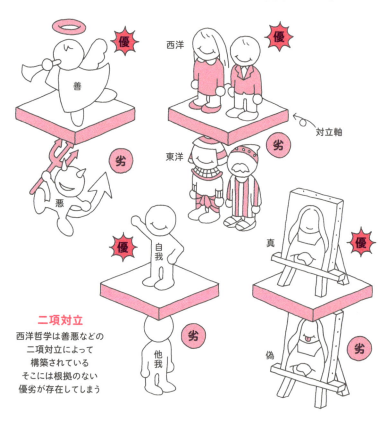

二項対立
西洋哲学は善悪などの二項対立によって構築されているそこには根拠のない優劣が存在してしまう

そして**二項対立**の優劣は西洋人特有の「論理的なものを何よりも優先する思考」「目の前にあるものを信用する思考」「男性的なものやヨーロッパを優位だとする思考」「世界は目的をもって進むとする思考」「書き言葉よりも話し言葉を優先する思考」によるものだと**デリダ**は言います。

これらの思考には何の根拠もありません。そればかりか**二項対立**を想定して、その関係に優劣を見いだすことは、異質なものや弱者の排除につながると**デリダ**は考えました。ナチス政権下のユダヤ人であった彼は二項対立を「ドイツ人／ユダヤ人」の関係に重ね合わせたのです。彼は**脱構築**(P320)という方法でその対立軸を抜き取り、これを解体しようと試みます。

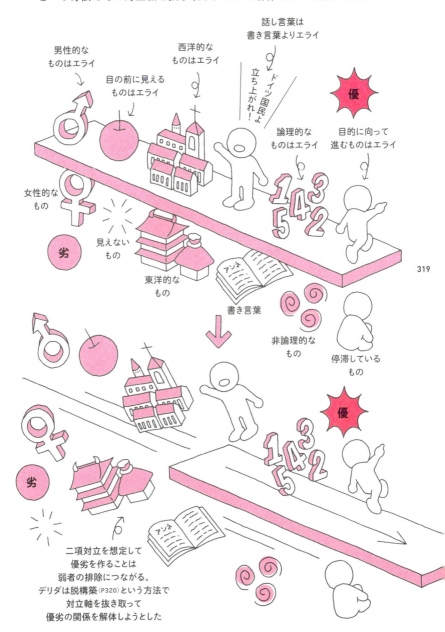

脱構築

文献 ------------ デリダ『エクリチュールと差異』『声と現象』『グラマトロジーについて』

メモ ------------ 脱構築は文学批評やフェミニズム理論など、広い分野で影響を与えている

デリダによれば、西洋哲学は往々にして「善／悪」「主観／客観」「オリジナル／コピー」「強／弱」「正常／異常」「男／女」のように、「優／劣」の**二項対立**(P318)によって構築されています。物事を二項対立で考えることは弱者や異質なものを排除することだと考えた彼は、**二項対立の解体**を試みます。これを**脱構築**といいます。

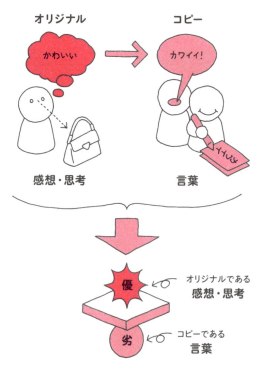

デリダの**脱構築**の方法を**オリジナル**と**コピー**の関係を例にとって説明してみましょう。たとえば、ハンドバッグを見てかわいいという**感想**（思考）を持ったら、**言葉**で「カワイイ」と伝えます。つまり言葉は感想をコピーしたものです。オリジナルである感想（思考）はそのコピーである言葉より優位な存在ということができます。

ところがデリダは感想はオリジナルではないと考えます。なぜならじつは人間は、既存の言葉で思考しているからです。言語は自分で作ったものではありません。感想はどこかで見たり聞いたりした言葉のコピーなのです。こう考えるとオリジナルとコピーの関係は逆転します。

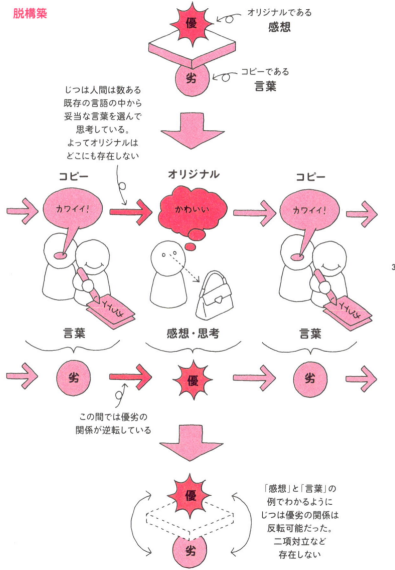

このように「優／劣」は容易に反転する可能性があります。彼は物事を二項対立で捉えることの危うさを脱構築で説明してみせたのです。

差延

文　献	デリダ『哲学の余白』
関　連	二項対立(P318)、脱構築(P320)
メ　モ	フランス語ではdifferance。「差異」と「遅延」という二重の意味を表したデリダの造語

西洋では**文字（書き言葉）**は**声（話し言葉）**を代理するための**コピー**だと考えられているため、声は文字より価値が高いといわれています。これを**音声中心主義**といいます。

西洋では伝統的にオリジナルである声（話し言葉）の方が
コピーである文字（書き言葉）より価値があるとされる

音声中心主義は、目の前にあるもの、直接的なもの、わかりやすいものを最優先する危険な思考だと**デリダ**は考えました。彼にとって**音声中心主義**は、わかりやすく直接的な言葉と、芝居がかった演説で人々を先導したナチス政権と重なったのです。

デリダは文字は声の正確なコピーではないと考えます。声が文字に変化するとき、それは動的な存在から静的な存在へと形を変えるからです。さらに変化するまでの時間的な**ズレ**もあります。声と文字は一致しているとはいえません。**デリダ**は声→**文字**のように**オリジナル**と**コピー**が差異を含みながら変化することを差延と呼びます。文字と声が一致していない以上、文字は声の代理ではなく、2つを同等に扱うべきだと彼は言います。

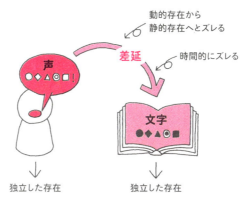

文字は声の代理ではない。
両者は独立した存在であって、
同等の価値があるとデリダは考えた

さらにデリダによると、声はまったくのオリジナルではありません。人間は自分が知っている言語の中から妥当なものを選んで思考しているからです。今までどこかで目にした文字が差延されて声になっている可能性も十分にあるのです。**デリダ**にとって物事は→**オリジナル**→**コピー**→**オリジナル**→**コピー**→と永遠に**差延**されていきます。そこに優劣はありません。

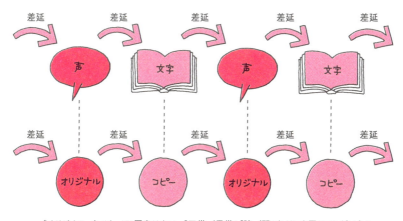

「オリジナル／コピー」に優劣はない。「正常／異常」「強／弱」などにも同じことがいえる

トゥリー｜リゾーム

文　献 ────────── ドゥルーズとガタリ『千のプラトー』
メ　モ ────────── 哲学者の千葉雅也氏は、リゾームに代表される「接続ドゥルーズ」に対して、「切断的ドゥルーズ」という側面に光を当てている

系統図に代表されるように、西洋の思考は、1つの絶対的なものから展開していく思考に取りつかれているとドゥルーズとフェリックス・ガタリ (1930〜92) は考えました。これをトゥリー（樹木）に例え、ときに1つの体系に組み込まれないものを排除する考えだと彼らは言います。トゥリーに対抗する発想として彼らはリゾーム（根）を提唱します。

トゥリーに対して**リゾーム**は始まりも終わりもありません。網状に逃走線を持ち、縦横無尽に広がります。**リゾーム**のイメージで物事を捉えると、**ヘーゲル**の**弁証法**(P174)のように異なった考えを**統一**していくのではなく、**差異**を**差異**のまま認め合う発想ができると**ドゥルーズ**と**ガタリ**は考えました。

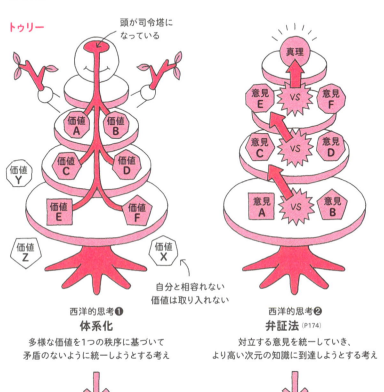

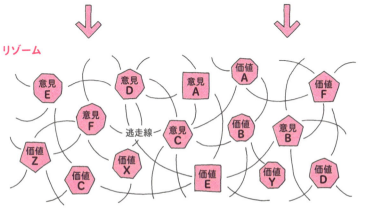

スキゾ｜パラノ

文　献　　ドゥルーズとガタリ『アンチ・オイディプス』
関　連　　トゥリー｜リゾーム(P324)、ノマド(P328)
メ　モ　　日本では80年代に浅田彰氏の紹介で大流行し、流行語大賞を受賞した

ドゥルーズと**ガタリ**は、絶えず増殖しながら四方八方に広がる分子のようなイメージで**欲望**を捉えます。この増殖しながら広がる力が世界を動かす原動力となっています。彼らは欲望によって動かされているこの世界を**欲望機械**と呼びます。**欲望機械**には私たち人間も含まれます。そして**無意識下**で私たちの身体のあらゆる**器官**をも動かしています。

世界は四方八方に広がる欲望が原動力となって動いている。
けれども社会がそれを抑圧して体系化しようとする

本来、人間は欲望のおもむくままに動くべきなのですが、親や社会の**抑圧装置**が働き、この拡散する分子のような動力を自分自身で１つの方向に統一しようとしてしまいます。こうしてできるのが**アイデンティティ**です。

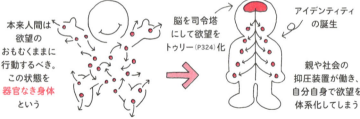

一度自分のアイデンティティを自分自身で作ってしまうと、社会的な役割に縛られ、他人の評価を気にしながら、多くのしがらみを背負って生きることになります。このような状態を**パラノイア（偏執症）**と呼びます。**パラノ**はあらゆることを自分の価値基準の領域に囲い込もうとします。これでは新しい価値を生みだすことはできません。

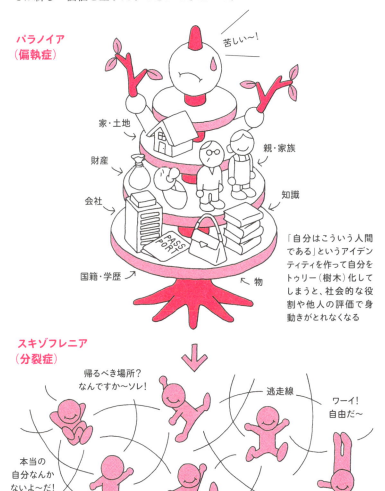

反対に自分の人格やアイデンティティを持たない立場を**スキゾフレニア（分裂症）**と呼びます。**スキゾ**は欲望のおもむくままにその時その時を楽しみます。そしてあらゆる価値をこだわりなく受け入れます。**ドゥルーズ**と**ガタリ**は**スキゾ**的生き方を理想としました（ノマドP328）。

ノマド

文献	ドゥルーズとガタリ『千のプラトー』
関連	トゥリー｜リゾーム(P324)、スキゾ｜パラノ(P326)
メモ	『千のプラトー』では、ノマドは「戦争機械」となって、抑圧的な国家に対抗するというビジョンが語られている

私たちは安住を好み、財を蓄え、人生を充実させようとします。けれども**ドゥルーズ**と**ガタリ**によると、この生き方は社会的な役割や他人の評価に縛られ、多くのしがらみを背負う生き方です。安住はやがて自分と異なる考えを受け入れられなくなり、あらゆることを自分の価値観だけで解釈する**パラノイア**(P327)になってしまいます。

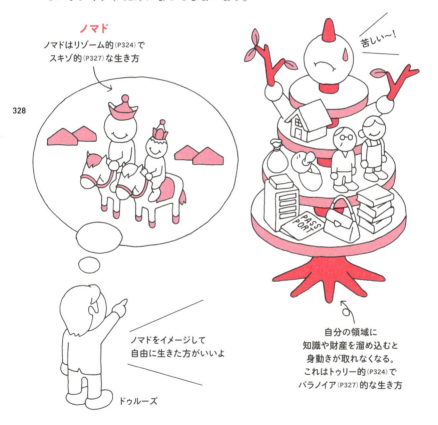

トゥリー(P324)的なパラノイアから自由になるために、彼らは**ノマド**（遊牧民）の生き方に着目します。

1ヵ所にとどまることなく、つねに多種多様な価値の領域を**リゾーム**（P324）**的**かつ**スキゾ**（P327）**的**に横断するのが**ノマド**の生き方です。**ドゥルーズ**と**ガタリ**は**ノマド**をイメージして生きることを提案します。

単なる旅行好きとノマド的な生き方の違い

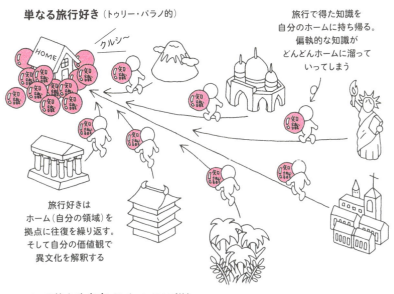

単なる旅行好き（トゥリー・パラノ的）

ノマド的な生き方（リゾーム・スキゾ的）

フェミニズム

意味 ───── 男性支配的な社会を批判し、女性の自己決定権を主張する思想・運動

メモ ───── 参政権をはじめ、近代民主主義は、男性中心の民主主義から出発した

フェミニズムとは男性が支配する世の中に異議を唱え、男女平等の社会を作ろうとする思想や運動のことです。通常、第1期、第2期、第3期に分けられます。

第1期
19世紀～1960年代
女性が男性と法的に同等の地位につく、具体的な権利の獲得のための運動が展開された

第2期
1960～1970年代
目に見えない無意識に残る女性差別が見直されていった

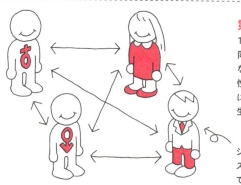

第3期
1970年代～
同性愛や性転換の肯定などセックス（先天的な性別）やジェンダー（P331）に囚われず、自分らしい生き方が模索されている

ジェンダーは女でセックスは男、ジェンダーは男でセックスは女などもアリの時代へ

ジェンダー

意　味 ── 社会的・文化的に形成される性別
メ　モ ── ジェンダー研究は、先天的で本質的だと思っている性別が、社会的・歴史的に構成されたものであることを様々な例とともに示してきた

ジェンダーとは社会的、文化的、歴史的に人間が後天的に作り上げた**性差**のことをいいます。生物学的な性差である**セックス**と区別されます。

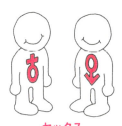

セックス
生物学的性差。
自然界に先天的に存在すると思われている性差

ジェンダー
社会的・文化的性差。
先天的な性質ではなく、社会的に作られた性差

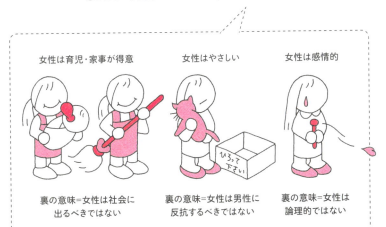

ジェンダーには「女性は社会に出てはいけない」など裏のメッセージを含むことが多くあります。それは男性に都合よくできているといえます。また、**バトラー**は生物学的な性である**セックス**も社会的に作られた**ジェンダー**であると考え、同性愛・性転換も支持します。

オリエンタリズム

意　味 —————————— 西洋による身勝手な東洋イメージのこと
文　献 —————————— サイード『オリエンタリズム』
メ　モ —————————— オリエンタリズムを克服するには
　　　　　　　　　　　　多文化主義が必要だとサイードは考えた

近代の西洋社会から見た非西洋社会は得体の知れない**他者**(P268)にほかなりませんでした。

そこで西洋は非西洋社会をひとくくりに「東洋」と名づけ、「怠惰」「感情的（論理的でない）」「エキゾチック（近代化されていない）」「神秘的（不思議、理解不能）」「自分たちを客観視できない」というイメージで「東洋」を捉えようとしました。

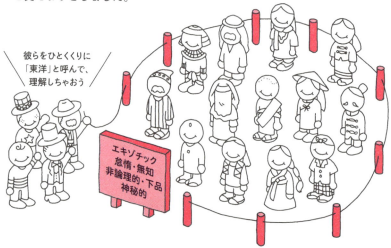

西洋が作ったこのイメージは東洋に対する正しい解釈とされ、映画や小説はもちろん、客観的な学問である経済学や社会学までもが「東洋」をこのようなイメージで広めていきました。

一方、東洋とは対極にあり、論理的で正しく世界を理解している存在として「西洋」という言葉が使われます。自分たちの正しい知識を近代化の遅れている東洋に教育するべきという西洋優位の思考は、西洋の植民地支配を正当化してしまったと**サイード**は言います。

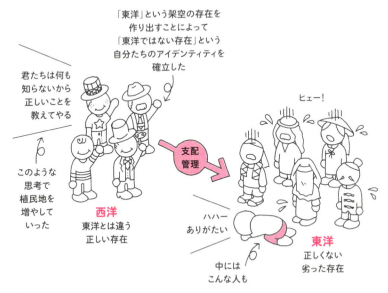

サイードは西洋の東洋に対するこのような表面的な理解を**オリエンタリズム**と言って批判しました。「東洋」である日本も、西洋的近代化をみずから積極的に取り入れ、近代化されていないアジア諸国を植民地化した過去があります。

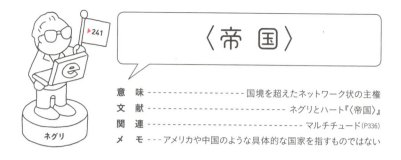

〈帝国〉

意 味	国境を超えたネットワーク状の主権
文 献	ネグリとハート『〈帝国〉』
関 連	マルチチュード(P336)
メ モ	アメリカや中国のような具体的な国家を指すものではない

ネグリと**マイケル・ハート**(1960～)は全世界を支配する新しい**権力**として**〈帝国〉**の出現を主張します。かつての帝国は、ローマ帝国や大英帝国、あるいは比喩的な表現である「アメリカ帝国」のように、その権力構造は中心となる国王や国家が**領土**を拡大していくものでした。

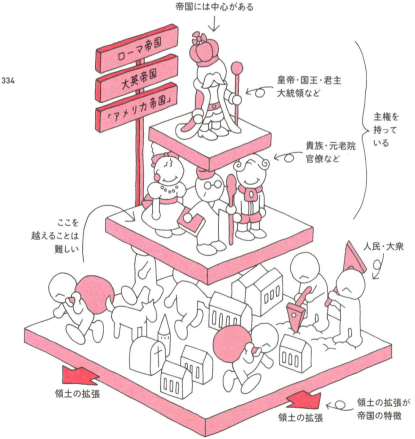

これに対して、通信技術や輸送技術の進歩とともに地球上にあらわれたのが〈帝国〉です。〈帝国〉は資本主義のもと、アメリカ政府や多国籍企業、G20、WEF（世界経済フォーラム）などが国境を超えて**ネットワーク状**に複雑に結びついた**権力システム**のことをいいます。〈帝国〉は中心を持たず、領土の拡張も必要としません。〈帝国〉において、核兵器などを持つアメリカの役割は強大です。けれどもアメリカもまたこのシステムに従う必要があるので、アメリカ＝〈帝国〉ということにはなりません。

現代の〈帝国〉

〈帝国〉は主権の中心も領土も持たないネットワーク状に結びついた権力システム。
いたる場所から私たちを管理・育成している

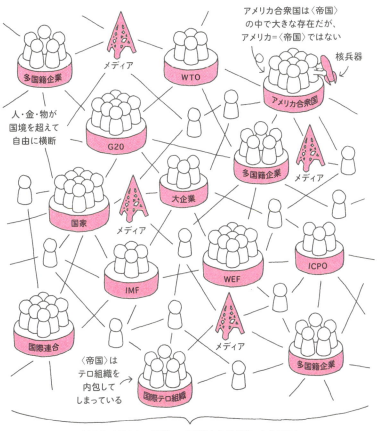

〈帝国〉は私たちの欲望、つまり資本主義が作ったシステム

〈帝国〉は日常生活の隅々まで浸透し、私たちを資本主義に順応させるために、いたるところから管理・育成していると**ネグリ**と**ハート**は言います。これに対抗するのが**マルチチュード**（P337）です。

マルチチュード

意　味	グローバル民主主義を推進する群衆的な主体
文　献	ネグリとハート『マルチチュード』
関　連	〈帝国〉(P334)
メ　モ	プロレタリアートの現代的な概念と考えることもできる

ネグリとマイケル・ハート(1960〜)は地球上にネットワーク状の権力である〈帝国〉(P334)が出現していると主張しました。〈帝国〉は、私たちを資本主義に順応した人間に育てるためにいたるところから管理、育成します。けれども〈帝国〉がネットワーク状になっているのであれば、そのシステムを逆利用して民衆もネットワーク状につながれば、〈帝国〉に対抗できるとネグリとハートは考えました。

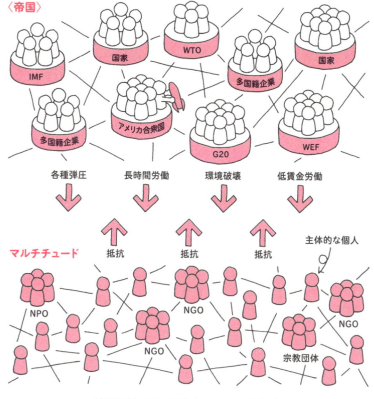

〈帝国〉がネットワーク状になっているのであれば、
そのシステムを利用して民衆もネットワーク状に結託すれば対抗できる

ネグリとハートは国家や資本主義の支配下にいるすべての人たちを**マルチチュード**と呼び、権力に対抗する力になりうると考えます。けれどもそれは**マルクス**がかつて唱えた、暴力革命を起こす**労働者階級**(P195)とは異なります。主婦、学生、移民、老人、セクシャルマイノリティ、資本家、会社員、専門家、ジャーナリストなど様々な人々が、自分の得意分野を通じてネットワーク状につながり、時に話し合い、時に集まって、資本主義の矛盾を一つ一つ解決しようとする力が**マルチチュード**なのです。

マルチチュード
人種、国籍、階層を超えた多種多様な人々のこと。彼らがネットワーク状に結託すれば、〈帝国〉すなわち資本主義の矛盾に対抗できるとネグリとハートは考えた

生命倫理｜環境倫理

遺伝子技術や医療技術の進歩によって、人間は人間の生死を操ることができるようになりました。また、自然の破壊や汚染によって地球環境も変化しています。従来の「人間」「家族」「自由」「死」などの概念を書き換える必要がありそうです。

遺伝子操作

クローン技術によって人間が作り出せるようになった。子供が欲しくてもできない夫婦や子供を事故や病気で亡くしてしまった夫婦の問題を解決できる。けれどもこれは倫理的にOK？

出生前診断

出産前に胎児の異常を知ることができるようになった。人間は人間を意図的に選択していいの？

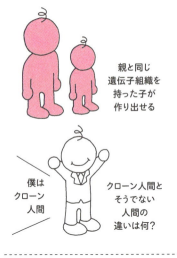

親と同じ遺伝子組織を持った子が作り出せる

僕はクローン人間

クローン人間とそうでない人間の違いは何？

人工知能・人工臓器

人工の人体を持ったサイボーグと人工知能で感情を持ったアンドロイド、両者の違いは？

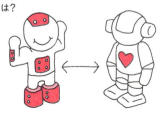

代理母出産

子供を持つことができない親でも代理出産によって子供が持てるようになった。生まれる子供は最大5人の親を持つことになる。「家族」の概念の再考が必要？

僕には5人も親がいる

遺伝子上の親　　生みの親　　子　　育ての親

デザイナーベイビー・人工授精

受精卵の段階で遺伝子を操作したり、優秀な精子をインターネットで買うことで、意図的に優秀な子を作ることができる。優秀な子とは「今の環境」に最適な子のこと。もし環境が変わって「今の環境」でなくなったら？

臓器移植

臓器の移植もできるようになった。これは人が人にできる崇高な行為？ それとも人の体を取り替え可能な物とみなす非人間的行為？ 自分の身体は自分のものだから、臓器は自由に売ってもいいの？

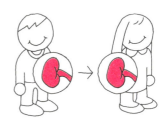

尊厳死・脳死

医療技術の進歩で人間の命を長く延ばせるようになった。最期はどう迎えたらいいの？ また、脳死という新基準が生まれたけれど、死の概念は何？

自然の生存権

自分が人間だから人間という「種」が一番偉いという考えはよくない。たとえば脊椎動物は苦痛や恐怖を感じることができる生き物。人間の小さな利益のために生物の「生きる」という大きな権利を侵していいの？

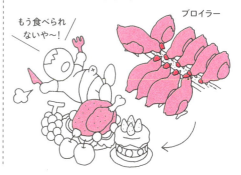

世代間倫理・地球有限主義

有限な地球環境を守るため私たちは自由を制限しなくてはならない。もう、自由を追求する時代は終わったの？ それともまだ私たちが知らない自由がどこかにあるの？

あとがき

「自分が見ているリンゴの色や形と他人のリンゴは違うのかも知れないけれど、違ったまま通じ合っているだけなのでは」「そもそもこの世はすべて夢かもしれない」

誰もが一度は考えたことがあるであろうこの謎を、どうしても解決したい。祖父が読書家だったため、たまたま生家の壁は、フランス語やドイツ語で書かれた得体の知れない洋書や、茶色く日焼けしたパラフィン紙に包まれた哲学書で埋め尽くされていました。ある日、僕はこれらの本の中にその答えがあるような気がしました。はたして、「主観と客観」の問題に挑んだ知の巨人たちが大勢いました。デカルトは主観と客観は一致していると言います。その理由は「神様がそうさせているから」。反対に、ヒュームは客観的な世界の実在を否定します。カントは人間の主観と物自体の姿かたちは一致していないけれど、人間同士の主観は一致していると考えます。ヘーゲルはいわゆる弁証法によって主観と客観を一致させることができると主張します。そしてフッサールは、そもそもどうして人は主観の外に世

界が実在していると信じているのか、その根拠を探ろうとします。これらの考えに出合ったときの驚きを可視化してみたいと考えたのが、この本を作ったきっかけです。

本書は、哲学、思想、教養、社会科学分野を中心に数々の書籍を手がけられている斎藤哲也氏が監修をしています。解釈の間違いを一つ一つ丁寧に指摘していただきました。本書が完成したのは、ひとえに斎藤氏のお力によるものです。この場を借りて厚くお礼申し上げます。また、出版の機会を与えてくださったプレジデント社の中嶋愛氏にも心から感謝いたします。

本書をお読みくださった方に、何か一つでも発見や驚きがあればとても嬉しく思います。

田中正人

主な参考文献（順不同）※原典を除く

ラッセル『哲学入門』高村夏輝 訳 ちくま学芸文庫
ヤスパース『哲学入門』草薙正夫 訳 新潮文庫
フランソワ・シャトレ 編『ギリシア哲学（西洋哲学の知）』藤沢令夫 訳 白水社
フランソワ・シャトレ 編『中世の哲学（西洋哲学の知）』山田晶 訳 白水社
フランソワ・シャトレ 編『近代世界の哲学（西洋哲学の知）』竹内良知 訳 白水社
フランソワ・シャトレ 編『啓蒙時代の哲学（西洋哲学の知）』野沢協 訳 白水社
フランソワ・シャトレ 編『哲学と歴史（西洋哲学の知）』野田又夫 訳 白水社
フランソワ・シャトレ 編『産業社会の哲学（西洋哲学の知）』花田圭介 訳 白水社
フランソワ・シャトレ 編『人間科学と哲学（西洋哲学の知）』田島節夫 訳 白水社
フランソワ・シャトレ 編『二十世紀の哲学（西洋哲学の知）』中村雄二郎 訳 白水社
ディオゲネス・ラエルティオス『ギリシア哲学者列伝〈上〉〈中〉〈下〉』加来彰俊 訳 岩波文庫
クラウス・リーゼンフーバー『西洋古代・中世哲学史（平凡社ライブラリー）』矢玉俊彦 佐藤直子 訳 平凡社
トマス・ネーゲル『哲学ってどんなこと？』岡本裕一朗 若松良樹 訳 昭和堂
ピエトロ・エマヌエーレ『この哲学者を見よ—名言でたどる西洋哲学史』泉典子 訳 中公文庫
ヨースタイン・ゴルデル『ソフィーの世界』須田朗 監修 池田香代子 訳 NHK出版

『岩波哲学・思想事典』廣松渉 編 岩波書店
『縮刷版 現象学事典』木田元 野家啓一 村田純一 鷲田清一 編 弘文堂
『新版 哲学・論理用語辞典』思想の科学研究会 編 三一書房
『概念と歴史がわかる 西洋哲学小事典』生松敬三 伊東俊太郎 岩田靖夫 木田元 編 ちくま学芸文庫
『哲学キーワード事典』木田元 編 新書館
ドミニク・フォルシェー『年表で読む哲学・思想小事典』菊地伸二 杉村靖彦 松田克進 訳 白水社
山本巍 宮本久雄 門脇俊介 高橋哲哉 今井知正 藤本隆志 野矢茂樹『哲学原典資料集』東京大学出版会
麻生享志 伊古田理 桑田礼彰 河合淳 飯田亘之 黒崎剛 久保陽一『原典による哲学の歴史』公論社
永井均 小林康夫 大澤真幸 山本ひろ子 中島隆博 中島義道 河本英夫『事典・哲学の木』講談社
今村仁司『現代思想を読む事典』講談社現代新書
ウィル・バッキンガム『哲学大図鑑』小須田健 訳 三省堂

重田園江『社会契約論—ホッブズ、ヒューム、ルソー、ロールズ』ちくま新書
石川文康『カント入門』ちくま新書
熊野純彦『カント—世界の限界を経験することは可能か（シリーズ・哲学のエッセンス）』NHK出版
長谷川宏『新しいヘーゲル』講談社現代新書
長谷川宏『ヘーゲル『精神現象学』入門』講談社選書メチエ
金子武蔵『ヘーゲルの精神現象学』ちくま学芸文庫
生松敬三『社会思想の歴史—ヘーゲル・マルクス・ウェーバー』岩波現代文庫
大川正彦『マルクス—いま、コミュニズムを生きるとは？（シリーズ・哲学のエッセンス）』NHK出版
今村仁司『マルクス入門』ちくま新書
魚津郁夫『プラグマティズムの思想』ちくま学芸文庫
竹田青嗣『現象学入門』NHKブックス
竹田青嗣『はじめての現象学』海鳥社
木田元『ハイデガーの思想』岩波新書
内田樹『レヴィナスと愛の現象学』文春文庫
永井均『これがニーチェだ』講談社現代新書
富増章成『図解でわかる！ニーチェの考え方』中経の文庫
妙木浩之『フロイト入門』ちくま新書

野矢茂樹『ウィトゲンシュタイン『論理哲学論考』を読む』ちくま学芸文庫
永井均『ウィトゲンシュタイン入門』ちくま新書
渡辺公三『レヴィ＝ストロース（現代思想の冒険者たち Select）』講談社
橋爪大三郎『はじめての構造主義』講談社現代新書
内田樹『寝ながら学べる構造主義』文春新書
神崎繁『フーコー―他のように考え、そして生きるために（シリーズ・哲学のエッセンス）』NHK 出版
貫成人『フーコー―主体という夢：生の権力（入門・哲学者シリーズ 2）』青灯社
中山元『フーコー入門』ちくま新書
戸田山和久『科学哲学の冒険―サイエンスの目的と方法をさぐる 』NHK ブックス
斎藤慶典『デリダ―なぜ「脱 - 構築」は正義なのか（シリーズ・哲学のエッセンス）』NHK 出版
今村仁司 三島憲一 鷲田清一 野家啓一 矢代梓『現代思想の源流（現代思想の冒険者たち Select）』講談社
久米博『現代フランス哲学』新曜社

戸田山和久『哲学入門』ちくま新書
木田元『わたしの哲学入門』講談社学術文庫
木田元『反哲学入門』新潮文庫
木田元『反哲学史』講談社学術文庫
貫成人『図説・標準 哲学史』新書館
貫成人『図解雑学 哲学』ナツメ社
三木清『哲学入門』岩波新書
竹田青嗣『自分を知るための哲学入門 』筑摩書房
竹田青嗣『現代思想の冒険』ちくま学芸文庫
小阪修平『そうだったのか現代思想』講談社＋α文庫
小阪修平『図解雑学 現代思想』ナツメ社
熊野純彦『西洋哲学史―古代から中世へ』『西洋哲学史―近代から現代へ』岩波新書
今道友信『西洋哲学史』講談社学術文庫
仲正昌樹 藤本一勇 清家竜介 北田暁大 毛利嘉孝『現代思想入門』PHP 研究所
堀川哲『世界を変えた哲学者たち』角川ソフィア文庫
堀川哲『歴史を動かした哲学者たち』角川ソフィア文庫
畠山創『考える力が身につく 哲学入門』中経出版
飲茶『史上最強の哲学入門』マガジン・マガジン
瀧本往人『哲学で自分をつくる 19 人の哲学者の方法』東京書籍
岩田靖夫『ヨーロッパ思想入門』岩波ジュニア新書
山本信『哲学の基礎』北樹出版
荻野弘之『哲学の原風景』NHK ライブラリー
小須田健『面白いほどよくわかる 図解 世界の哲学・思想』日本文芸社
山竹伸二『フシギなくらい見えてくる！本当にわかる哲学』日本実業出版社
岡本裕一朗『フシギなくらい見えてくる！本当にわかる現代思想』日本実業出版社
甲田烈『手にとるように哲学がわかる本 』かんき出版
秦野勝『面白いほどよくわかる！哲学の本』西東社
沢辺有司『いちばんやさしい哲学の本』彩図社
小川仁志『超訳「哲学用語」事典』PHP 文庫
吉岡友治『必ずわかる！「〇〇（マルマル）主義」事典』PHP 文庫
高等学校公民科『倫理』教科書　東京書籍／清水書院／山川出版社／数研出版
『倫理用語集』濱井修 監修 小寺聡 編 山川出版社

索引

あ

- アーレント ― 234
- 愛しながらの戦い ― 265
- アウグスティヌス ― 078
- アウフヘーベン ― 175
- アガペー ― 080
- 悪法もまた法なり ― 043
- アダム・スミス ― 148
- アタラクシア ― 072
- アトム ― 031
- アドルノ ― 284
- 『アナーキー・国家・ユートピア』― 239
- アナクシマンドロス ― 027
- アナクシメネス ― 027
- アナムネーシス ― 050
- アパテイア ― 071
- ア・プリオリ ― 156
- アリストテレス ― 022
- アルケー ― 028
- あるところのものでなく、あらぬところのもの ― 291
- あるものはある。ないものはない。― 030
- あれか、これか ― 182
- 『あれか、これか』― 151
- アレテー ― 042
- アンガージュマン ― 292
- アンセルムス ― 078
- 『アンチ・オイディプス』― 236
- アンチテーゼ ― 175
- アンチノミー ― 163

い

- イエス・キリスト ― 080
- イギリス経験論 ― 101
- 『意志と表象としての世界』― 150
- 『イスラム報道』― 241
- 一元論 ― 117
- 一次性質 ― 125
- 一般意志 ― 141
- 『一般言語学講義』― 235
- イデア ― 046
- イデア界 ― 048
- 『イデーン』― 230
- イデオロギー ― 201
- イド ― 221
- イドラ ― 102
- 『意味と必然性』― 229
- イリヤ ― 266
- 因果関係 ― 130
- 因果律 ― 130

う

- ウィトゲンシュタイン ― 228
- 運命愛 ― 217

え

- 永遠の相の下 ― 119
- 永劫回帰 ― 215
- 英知界 ― 166
- エイドス ― 059
- エートス ― 066
- 『エクリチュールと差異』― 237
- エス ― 221
- 『エセー』― 099
- 『エチカ』― 096
- エッセー ― 135
- エディプスコンプレックス ― 221
- エネルゲイア ― 060
- エピクロス ― 023
- エピクロス派 ― 072
- エピステーメー（プラトン）― 045
- エピステーメー（フーコー）― 313
- エポケー ― 250
- 『エミールまたは教育について』― 098
- エロス（プラトン）― 051
- エロス（フロイト）― 222
- 演繹法 ― 105
- 遠近法主義 ― 213
- 厭世主義 ― 181
- 延長 ― 115

お

- 『老い』― 240
- 王権神授説 ― 138
- 大きな物語 ― 307
- オースティン ― 277
- オッカム ― 079
- オッカムの剃刀 ― 088
- オリエンタリズム ― 333
- 『オリエンタリズム』― 241
- 音声中心主義 ― 322

か

- 快感原則 ― 222
- 階級闘争 ― 199
- 懐疑論 ― 131
- 『概念を明晰にする方法』― 153
- 快楽計算 ― 192
- 顔 ― 268
- 『科学革命の構造』― 230
- 格差原理 ― 303
- 『学問の進歩』― 094
- 『学問論』― 149
- 格率 ― 168
- 隠れて生きよ ― 073
- 家族 ― 179
- 家族的類似 ― 275
- カテゴリー ― 160
- 『悲しき熱帯』― 235
- 可能態 ― 060
- 下部構造 ― 200
- 神即自然 ― 117
- 神の恩寵 ― 083
- 『神の国』― 078
- 神の誠実 ― 111
- 神の存在証明 ― 110
- 神の見えざる手 ― 189
- 神は死んだ ― 207
- カルナップ ― 229
- 『考えることを考える』― 239
- 『監獄の誕生』― 236
- 間主観性 ― 255
- 感性の形式 ― 157
- カント ― 148
- 観念論 ― 204

き

- 機会均等の原理 ― 303
- 幾何学の精神 ― 137

器官なき身体 ——— 326
既在 ——— 257
疑似意識 ——— 201
『技術への問い』 ——— 231
帰納法 ——— 104
基本的自由の原理 ——— 302
客体 ——— 113
客観 ——— 113
『饗宴』 ——— 022
『狂気の歴史』 ——— 236
『共産党宣言』 ——— 151
器用仕事 ——— 301
矯正的正義 ——— 069
教父 ——— 082
教父哲学 ——— 082
キルケゴール ——— 151

く

クーン ——— 230
『クリトン』 ——— 022

け

『経済学・哲学草稿』 ——— 151
『形而上学』 ——— 022
形而上学 ——— 062
『形而上学叙説』 ——— 097
形相 ——— 059
形相因 ——— 061
啓蒙主義 ——— 143
『啓蒙の弁証法』 ——— 233
劇場のイドラ ——— 102
限界状況 ——— 264
言語ゲーム ——— 273
言語の恣意性 ——— 244
言語論的転回 ——— 276
現実原則 ——— 222
現実態 ——— 060
現象(プラトン) ——— 048
現象(カント) ——— 161
現象界(プラトン) ——— 048
現象界(カント) ——— 166
現象学 ——— 247
現象学的還元 ——— 248
『現象学の理念』 ——— 230
原子論 ——— 031
現存在 ——— 258

こ

合 ——— 175
『公共性の構造転換』 ——— 233
『公正としての正義』 ——— 238
構造主義 ——— 299
『行動の構造』 ——— 232
功利主義 ——— 191
『功利主義論』 ——— 153
『声と現象』 ——— 237
コギト・エルゴ・スム 109
『告白』 ——— 078
国民主権 ——— 140
個人は等しく1人と数えられ、誰もそれ以上には数えられない ——— 192
悟性のカテゴリー ——— 157
『国家』 ——— 022
国家 ——— 179
『言葉と物』 ——— 236
『こどもたちに語るポストモダン』 ——— 237
コペルニクス的転回 ——— 162
『コミュニケイション的行為の理論』 ——— 233
コミュニケーション的理性 ——— 286
コミュニタリアニズム ——— 305
〈コモン〉 ——— 337
ゴルギアス ——— 020
これが生きるということか。ならばもう一度 ——— 217
『これからの「正義」の話をしよう』 ——— 239
『困難な自由』 ——— 234
『根本的経験論』 ——— 154

さ

サイード ——— 241
ザイエンデス ——— 256
最大多数の最大幸福 ——— 193
『差異と反復』 ——— 236
差異の原理 ——— 308
ザイン ——— 256
差延 ——— 323
作用因 ——— 061
サルトル ——— 232
三元徳 ——— 083
三元徳上位説 ——— 083
サンデル ——— 239
産婆術 ——— 039
三位一体説 ——— 083
『三位一体論』 ——— 078

し

シーニュ ——— 243
ジェイムズ ——— 154
シェリング ——— 149
ジェンダー ——— 331
『ジェンダートラブル』 ——— 240
自我(デカルト) ——— 113
自我(フロイト) ——— 221
『視覚新論』 ——— 095
四原因説 ——— 061
四元徳 ——— 055
志向性 ——— 252
市場のイドラ ——— 102
『自然学』 ——— 022
自然状態 ——— 138
自然哲学 ——— 027
自然に帰れ ——— 141
自然法則 ——— 164
思想 ——— 143
実践理性 ——— 167
『実践理性批判』 ——— 148
実存 ——— 185
実存主義 ——— 185
『実存主義とは何か』 ——— 232
実存的交わり ——— 265
実存の三段階 ——— 186
実存は本質に先立つ ——— 288
実体 ——— 132
質的功利主義 ——— 194
実念論 ——— 086
実用主義 ——— 219
質料 ——— 059
質料因 ——— 061
史的唯物論 ——— 203
『死に至る病』 ——— 151
シニフィアン ——— 243
シニフィエ ——— 243
死の欲動 ——— 222
『自分自身を説明すること』 ——— 240
死への存在 ——— 263

項目	頁
資本家階級	195
資本主義体制	196
『資本論』	151
市民社会	179
『社会改造の諸原理』	228
社会革命	199
社会契約論① ホッブズの場合	138
社会契約論② ロックの場合	140
社会契約論③ ルソーの場合	141
『社会契約論』	098
写像理論	270
『宗教的経験の諸相』	154
宗教的実存	187
集合的無意識	223
充足理由律	122
自由放任主義	190
『自由論』	153
主観	113
種族のイドラ	102
主体	113
主体的真理	183
主知主義	041
受動的ニヒリズム	207
シミュラークル	311
『シミュラークルとシミュレーション』	238
シミュレーション	311
『純粋理性批判』	148
止揚	175
昇華	221
『情念論』	096
『消費社会の神話と構造』	238
上部構造	200
ショーペンハウアー	150
『諸国民の富』	148
自律	169
人格	170
『神学・政治論』	096
『神学大全』	079
心身二元論	114
『親族の基本構造』	235
身体	295
身体図式	294
信託	140
『人知原理論』	095
ジンテーゼ	175
『心理学』	154
『心理学的類型』	155
『心理学と錬金術』	155
『真理について』	078
人倫	178
『人類に未来はあるか』	228

す

項目	頁
スーパーエゴ	221
スキゾフレニア	327
スコラ哲学	084
ストア派	071
スピノザ	096

せ

項目	頁
正	175
『正義論』	238
『省察』	096
生産関係	196
生産手段	196
生産力	199
『政治学』	022
『精神現象学』	150
『精神病理学原論』	231
『精神分析入門』	155
生得観念	112
生の権力	315
生の欲動	222
『西洋哲学史』	228
世界精神	177
世界-内-存在	259
世人	260
セックス	331
絶対精神	173
絶対知	174
ゼノン	023
『善悪の彼岸』	152
先駆的決意	261
繊細の精神	137
『戦争の枠組』	240
全体主義	287
『全体主義の起源』	234
『全体性と無限』	234
全体的正義	068
『全知識学の基礎』	149
『千のプラトー』	236

そ

項目	頁
想起説	050
相対主義	032
像の理論	270
疎外	198
即自	175
即自かつ対自	175
即自存在	291
ソクラテス	021
『ソクラテスの弁明』	022
ソシュール	235
ソフィア	065
ソフィスト	034
存在	256
存在者	256
存在するとは知覚されていることである	127
『存在と時間』	231
『存在と無』	232
『存在の彼方へ』	234
存在理由	288
存在論	256

た

項目	頁
ダー・ザイン	258
『対異教徒大全』	079
第一定理	109
対自	175
対自存在	291
大切なことはただ生きることではなく善く生きることだ	043
『第二の性』	240
大陸合理論	107
対話的理性	286
多元論	120
他者	268
ダス・マン	260
脱構築	320
タナトス	222
タブラ・ラサ	123
魂の三分説	054
魂への配慮	041
他律	169
タレス	018
『探求の論理』	229
単純観念	124

単独者 184

ち

知覚直観 250
『知覚の現象学』 232
知覚の束 129
力への意志 212
畜群本能 211
『知識人とは何か』 241
知性的徳 065
知徳合一 037
『知の考古学』 236
知は力なり 100
中庸 066
超越 253
超越者 265
超自我 221
超人 217
調整的正義 068
直接民主制 141

つ

『ツァラトゥストラ』 152

て

定言命法 165
抵抗権 140
〈帝国〉 334
『〈帝国〉』 241
テーゼ 175
テオリア 064
デカルト 096
テクネー 065
『哲学』 231
『哲学原論』 097
哲学者が国家の支配者になるか、支配者が哲学者とならない限り、理想的な国家は決して実現しない 056
『哲学と論理的構文論』 229
『哲学入門』 231
『哲学の改造』 154
哲学は神学のはしため 085
哲人政治 056
デモクリトス 021
デューイ 154

デュナミス 060
デリダ 237

と

ドイツ観念論 172
『ドイツ国民に告ぐ』 149
投企 261
道具主義 219
洞窟の比喩 052
洞窟のイドラ 102
道具的理性 284
『統治二論』 094
『道徳および立法の原理序説』 152
『道徳感情論』 148
『道徳の系譜』 152
道徳法則 164
到来 257
トゥリー 324
ドゥルーズ 236
ドクサ 044
トマス・アクィナス 079
奴隷制 196
奴隷道徳 211

な

内在 253
汝、殺すなかれ 268
汝の意志の格率がつねに同時に普遍的法則となるように行為せよ 168

に

ニーチェ 152
〈肉〉 297
二元論 114
二項対立 318
『ニコマコス倫理学』 022
二次性質 125
ニヒリズム 207
『人間知性研究』 095
『人間知性新論』 097
『人間悟性論』 094
『人間的自由の本質』 149
人間の終焉 314
『人間の条件』 234

人間は考える葦である 136
人間は自由の刑に処されている 289
人間は万物の尺度 032
人間はポリス的動物である 068
『人間不平等起源論』 098
『人間本性論』 095
認識が対象に従うのではなく、対象が認識に従う 162
認識論 133

ね

ネグリ 241

の

能動的ニヒリズム 207
『ノヴム・オルガヌム―新機関』 094
ノエシス 253
ノエマ 253
ノージック 239
ノマド 328
ノモス 034

は

バークリ 095
パース 153
パースペクティヴィズム 213
ハーバーマス 233
ハイデガー 231
ハイパーリアル 311
配分的正義 068
パウロ 082
パスカル 099
パトス 071
バトラー 240
パノプティコン 316
パノプティコン効果 317
パラダイム 282
パラダイムシフト 282
パラノイア 327
パルメニデス 019
パロール 242

反 —— 175
反証可能性 —— 280
汎神論 —— 117
『パンセ』 —— 099
パンタ・レイ —— 029
『判断力批判』 —— 148
万人の万人に対する戦い —— 138
万物は流転する —— 029

ひ
ピタゴラス —— 018
美的実存 —— 186
被投性 —— 261
人は同じ川に2度入ることはできない —— 029
批判哲学 —— 171
非本来性 —— 260
『ヒューマニズムについて』 —— 231
ヒューム —— 095
ピュシス —— 034
ヒュレー —— 059
表象 —— 180
『開かれた社会とその敵』 —— 229

ふ
フィヒテ —— 149
フィリア —— 067
フーコー —— 236
フェミニズム —— 330
複合観念 —— 124
福徳一致 —— 037
プシュケー —— 041
フッサール —— 230
部分的正義 —— 068
普遍実在論 —— 086
普遍論争 —— 086
プラグマティズム —— 219
『プラグマティズム』 —— 154
プラトン —— 022
ブリコラージュ —— 301
ブルジョアジー —— 195
フレーゲ —— 277
フロイト —— 155
『プロスロギオン』 —— 078
プロタゴラス —— 020
フロネーシス —— 065
フロム —— 285
プロレタリアート —— 195
文化相対主義 —— 032
分析哲学 —— 276
分裂症 —— 327

へ
ヘーゲル —— 150
ベーコン —— 094
ペシミズム —— 181
ヘラクレイトス —— 019
『ペルシア人の手紙』 —— 098
ベンサム —— 152
偏執症 —— 327
弁証法 —— 174

ほ
包括者 —— 265
封建制 —— 196
『法の精神』 —— 098
『法の力』 —— 237
『法の哲学』 —— 150
『方法序説』 —— 096
方法的懐疑 —— 108
ボーヴォワール —— 240
ボードリヤール —— 238
ポスト構造主義 —— 306
ポストモダン —— 307
『ポストモダンの条件』 —— 237
ホッブズ —— 097
ポパー —— 229
ポリス的 —— 068
ホルクハイマー —— 233
本質直観 —— 250
本来性 —— 260

ま
マルクス —— 151
『マルクスの亡霊たち』 —— 237
マルチチュード —— 337
満足した豚であるより、不満足な人間である方が良い —— 194

み
ミメーシス —— 049
ミュトス —— 024
『未来派左翼』 —— 241
ミル —— 153
『民主主義と教育』 —— 154

む
無意識 —— 220
ムーア —— 277
無知のヴェール —— 302
無知の知 —— 036

め
『命題論集注解』 —— 079
メタフィジカ —— 062
メルロ＝ポンティ —— 232

も
盲目的な生への意志 —— 180
目的因 —— 061
目的の王国 —— 170
もし人々が友愛的ならば正義はまったく必要ないが反対に彼らが正義の人々であっても、友愛はなお必要だ —— 067
モナド —— 120
『モナドロジー』 —— 097
物自体 —— 159
『物の体系』 —— 238
『モノロギオン』 —— 078
モラリスト —— 135
モンテーニュ —— 099
モンテスキュー —— 098
問答法 —— 039

や
ヤスパース —— 231
『野生のアノマリー』 —— 241
野生の思考 —— 301
『野生の思考』 —— 235

ゆ

唯物史観 —— 203
唯物論 —— 205
唯名論 —— 086
『夢判断』 —— 155
ユング —— 155

よ

『ヨーロッパ諸学の危機と超越論的現象学』 —— 230
欲望機械 —— 326
予定調和 —— 121

ら

ライプニッツ —— 097
ライル —— 277
ラッセル —— 228
ランガージュ —— 242
ラング —— 242

り

リヴァイアサン —— 139
『リヴァイアサン』 —— 097
リオタール —— 237
理性の二律背反 —— 163
理想国家 —— 057
リゾーム —— 324
リバタリアニズム —— 304
リビドー —— 221
リベラリズム —— 302
『リベラリズムと正義の限界』 —— 239
両義的 —— 296
良心の声 —— 164
理論理性 —— 167
倫理的実存 —— 187
倫理的徳 —— 065

る

ルサンチマン —— 208
ルソー —— 098

れ

例外者 —— 184
レヴィ＝ストロース —— 235
レヴィナス —— 234
歴史 —— 176
『歴史主義の貧困』 —— 229
レゾンデートル —— 288
レッセフェール —— 190

ろ

労働者階級 —— 195
労働の疎外 —— 198
『ローマ盛衰原因論』 —— 098
ロールズ —— 238
ロゴス —— 025
ロスケリヌス —— 087
ロック —— 094
『論理学』 —— 150
論理実証主義 —— 279
『論理哲学論考』 —— 228

わ

私にとって真理であるような真理 —— 182
我思う、ゆえに我あり 109

著 田中正人
1970年生まれ。ロンドン芸術大学ロンドンカレッジ・オブ・コミュニケーション卒業。MORNING GARDEN INC.において、グラフィックデザインを中心に書籍の企画、製作を行う。

編集・監修 斎藤哲也
1971年生まれ。編集者・ライター。哲学・思想から経済・ビジネスまで、幅広い分野の書籍の編集や構成を手がけるとともに、書評・ブックレビューなども執筆。

哲学用語図鑑

2015年3月1日 第1刷発行
2024年7月29日 第19刷発行

著　者　　田中正人
編集・監修　斎藤哲也

発行人　　鈴木勝彦
発行所　　株式会社プレジデント社
　　　　　〒102-8641
　　　　　東京都千代田区平河町2-16-1
　　　　　電話　編集(03)3237-3732
　　　　　　　　販売(03)3237-3731

ブックデザイン・イラストレーション
田中正人(MORNING GARDEN INC.)
渡邊麻由子(MORNING GARDEN INC.)

製　作　　中嶋　愛
制　作　　関　結香

印刷所　　TOPPANクロレ株式会社
ISBN 978-4-8334-2119-5
©2015 Masato Tanaka　Printed in Japan